# citas

# *contigo*

★ Vive la *magia* de ser tú ★

## LAURA CHICA

Obra editada en colaboración con Editorial Planeta – España

Diseño de portada: © Sylvia Sans Bassat

© 2018 Laura Chica
© 2018, de las fotografías: Tamara Calderón

© 2018, Centro Libros PAPF, S. L. U. – Barcelona, España

Derechos reservados

© 2018, Editorial Planeta Mexicana, S.A. de C.V.
Bajo el sello editorial DIANA M.R.
Avenida Presidente Masarik núm. 111, Piso 2
Colonia Polanco V Sección
Delegación Miguel Hidalgo
C.P. 11560, Ciudad de México
www.planetadelibros.com.mx

Primera edición impresa en España: junio de 2018
ISBN: 978-84-16928-76-7

Primera edición impresa en México: noviembre de 2018
ISBN: 978-607-07-5344-2

No se permite la reproducción total o parcial de este libro ni su incorporación a un sistema informático, ni su transmisión en cualquier forma o por cualquier medio, sea éste electrónico, mecánico, por fotocopia, por grabación u otros métodos, sin el permiso previo y por escrito de los titulares del *copyright*.

La infracción de los derechos mencionados puede ser constitutiva de delito contra la propiedad intelectual (Arts. 229 y siguientes de la Ley Federal de Derechos de Autor y Arts. 424 y siguientes del Código Penal).

Si necesita fotocopiar o escanear algún fragmento de esta obra diríjase al CeMPro (Centro Mexicano de Protección y Fomento de los Derechos de Autor, http://www.cempro.org.mx).

Impreso en los talleres de Litográfica Ingramex, S.A. de C.V.
Centeno núm. 162–1, colonia Granjas Esmeralda, Ciudad de México
Impreso en México –*Printed in Mexico*

A mi hija Norah.
Para ti este libro, y toda mi vida.

A ti,
que aprendes a encontrar cada día
tu camino de vuelta.

Si alguien te regaló este libro,
te está diciendo

*Te quiero*

Si te lo regalaste tú,
te estás diciendo

*Me quiero*

## *Eres en ti.*
## *Vives en ti.*

No sé si te has dado cuenta, pero las personas van, vienen, se pierden, se ausentan, vuelven... pero hay alguien que siempre se queda contigo: tú.

Sí, esa persona que eres, que vive en ti, que, a veces, desconoces, o crees no conocer lo suficiente. A veces te sorprende, porque es capaz de hacer algo más grande de lo que nunca hubieras pensado, o incluso superar algo que nunca hubieras imaginado.

### Así de infinito es tu poder.

## *Así de infinito eres tú.*

Después de muchos años trabajando con personas, necesité escribir este libro. Probablemente empecé a escribirlo en mi último libro, *Palabras para encontrarte*, desde la poesía y, de alguna forma, buscando esas palabras para entenderse y para encontrar el amor hacia uno mismo (entenderse es otra forma de amarse).

Y necesitaba escribir este libro así. Para mí, y para ti. Para todos los que necesitamos darnos cuenta de que estamos ahí, que necesitamos mirarnos con más amor, conocernos para aprender a contar más en nosotros, sentirnos para vivirnos desde la verdad, desde la esencia, y, quizá lo más difícil: quitarnos las máscaras hacia dentro, desnudarnos para nosotros mismos y aprender a abrazar nuestras luces y nuestras sombras con amor, con respeto y sin juicios. Todo eso somos: luz y oscuridad, vivencias y recuerdos, personas y soledad, alegría y tristeza, sueños y caídas.

*Qué bonito sería aprender a aceptarnos como somos, a amarnos más y juzgarnos menos, a ser, simplemente ser...*

Pero se nos olvida.
Por eso quiero regalarnos esto. Regalarnos, porque la primera que lo necesita soy yo. Cada día. Recordar que puedo ser lo que quiera ser, que puedo sentir lo que quiera sentir, que lo que dejo que viva en mi mente, lo que pienso, gobierna mi vida. Que sólo desde mí puedo mejorar el mundo, que la única forma de conectar sano con los demás es haciéndolo primero conmigo. Que la forma en la que me miro a mí misma influye en cómo miro a los demás. Mirarme al espejo y re-conocerme, aprender a no juzgarme con menos dureza, y permitirme ser. Aceptarme desde la perfección que ya somos, perfectamente imperfectos.
Pero únicos. Y tantas cosas que se nos olvidan, y necesitamos recordar, y que nos recuerden.

Hay una frase preciosa que dice *«el primer amor no siempre llega en orden»*. Pero creo que la vida es sabia, y su orden también lo es. Aunque a veces nos cueste entenderlo.
Sí, el primer amor llega en orden siempre.

¿Quién es el primer amor? Tú mismo.

*Aunque a veces nos encontramos tarde.
Pero siempre a tiempo.*

Te regalo *365 citas contigo*; un diario de pensamientos, ideas,
frases, mantras, que te ayudan a re-encontrarte,
re-conocerte y re-conciliarte contigo, en ese encuentro con
la persona más importante de tu vida: tú.

Laura Chica

Nos habían dicho que todo estaba fuera:
la solución a los problemas,
el amor incondicional,
el éxito.
Por eso siempre lo hemos buscado ahí;
en el mundo,
en las cosas,
en los demás.
Nadie nos dijo nunca que todo lo que
buscábamos fuera
estaba en realidad dentro;
que todo lo que buscábamos ser,
en realidad ya lo éramos,
sólo teníamos que dejarnos ser;
que todo lo que nos permitiéramos soñar
lo podríamos hacer realidad.
Hasta hoy.
Hasta ahora.
Hasta tú.


✨✨Vive la magia de ser tú.

## ¿Cómo leer este libro?

Es tuyo, puedes leerlo como quieras.
Te propongo tres formas:

⭐ Cada día una página. En orden. Desde el principio. No tiene fechas; las citas puedes tenerlas contigo mismo cuando te apetezca, nadie marca el momento ni el día.

⭐ Mantras. Cuando necesites palabras para ti, recobrar fuerza, o reconectarte contigo, puedes buscar alguno de los mantras del libro, leerlo, y cerrar los ojos mientras lo dices para ti varias veces. Toman fuerza a medida que los visualizas y los repites para ti mismo.

⭐ Abrir donde toque. Quizá cada día el libro tenga algo que decirte. Abrir en la página que te salga en ese momento te dará un mensaje que te hará reflexionar en el momento en el que estás.

Tú eliges la forma en la que te encuentras contigo.

Disfruta el camino de vuelta a ti.

Porque estás vivo todo
es posible.

Thích Nhất Hạnh

## 1.ª cita contigo

## Todo está bien

Nunca tres palabras tuvieron tanta fuerza para calmar los miedos y aceptar lo que es.
En la infinidad de la vida: todo está bien.
Todo está bien porque todo es como debe ser, que no siempre coincide con lo que tú quieres que sea.
Todo es, a su manera, perfecto, y tu esfuerzo por no aceptar e ir en contra de la naturaleza de la vida no hace sino anclarte al pasado, potenciar el sufrimiento y dirigir tu energía a la oscuridad, donde no tienes nada que hacer.
Aceptar que todo está bien te ayuda a fluir con lo que pasa, con la vida, y actuar desde ahí.
Todo está como debe estar, según su curso, según su orden.
Sólo desde la aceptación puedes enfocar la energía en construir tu camino, en disfrutar cada uno de tus pasos...

Todo está bien, en su orden natural, y tú también.

## 2.ª cita contigo

# *Brilla. Déjate ser.*
# *Regálate a los demás*

Estás hecho para brillar.
¿Lo has pensado alguna vez?
Brillar es, al fin y al cabo, permitirte ser, porque ese brillo que crees que no tienes está en ti.
Pero ay, cuántas capas de miedo, dudas, desconocimiento e inseguridad hemos puesto encima de ese brillo... tantas que apenas se ve.
Pero está.
Cuando tú brillas, ofreces al mundo gran parte de lo que puedes darle; compartes, aportas a los demás.
Cuando tú brillas, permites que los demás también lo hagan.
Por eso, brilla.

Busca en tu interior.

Regálate a los demás.

Ilusiónate con el reto.

Lucha por lo que quieres.

Libérate de tus miedos.

Ábrete al mundo, te está esperando.

**3.ª cita contigo**

*Quédate con esa mirada.
La que es capaz de ver en ti lo que tú no sabes que eres.
Y así poder acercarte a lo que puedes llegar a ser*

★

¿Qué mirada? La tuya.
Porque hoy puedes elegir mirarte de otra forma.
Una mirada apreciativa, una mirada sin juicios,
y con mucho mucho que agradecer(te).
Una mirada que va más allá de enfocarte en lo que te falta,
en lo que no haces bien, en lo que te queda por conseguir,
para mirar lo que eres, lo que ya has conseguido, lo que has logrado superar.
Cuando te miras así, te haces fuerte, y fuerte puedes con todo.

Quédate con esa mirada: la mirada de
«creo en mí», «confío en mí» y de «yo puedo»,
que te dará la fuerza y determinación que
necesitas para conseguirlo.

**4.ª cita contigo**

# El amor siempre es la respuesta

No importa la pregunta.
Pero el amor es siempre la respuesta.
Amor a ti, a los demás, a lo que haces.
Amor a quien te enseña, a quien te cuida, a lo que aprendes.
Amor a lo que creas, a lo que superas, a lo que eres.
El amor te acerca a ti, y el miedo te aleja de ti,
y también de los demás.
Quizá es todo mas fácil de lo que parece.
Quizá estás hecho de amor, eres amor, y todo lo que tiene que ver con el amor te acerca a tu esencia, a tu energía natural, a ti mismo.
El amor disuelve el miedo.
Cuando actúas desde el amor estás calmando el miedo.
Y cuando calmas el miedo, te acercas a ti.

El amor siempre es la respuesta.
La pregunta no importa.

## 5.ª cita contigo

# Confía

Confía.
Cada vez que confías, tu energía se expande.
Cuando confías en ti, la energía te hace más grande.
Cuando confías en algo, tu energía lo hace más grande.
Conocerte a ti mismo te hace creer más en ti y confiar.
Confiar en ti te llevará a retarte, crecer, avanzar, a enfocar toda tu energía en las posibilidades. La confianza te acerca al resultado, y, al confiar en ti, también generas confianza en los demás.
Confía en los demás. Las personas te harán más grande. Descubre en ellas lo que las hace grandes, y eso hará que también lo seas tú.
Confía, y no tengas miedo de hacerlo.

Confía en ti.
Confía en los demás.
Confía en la vida.
Y todo vendrá de vuelta.

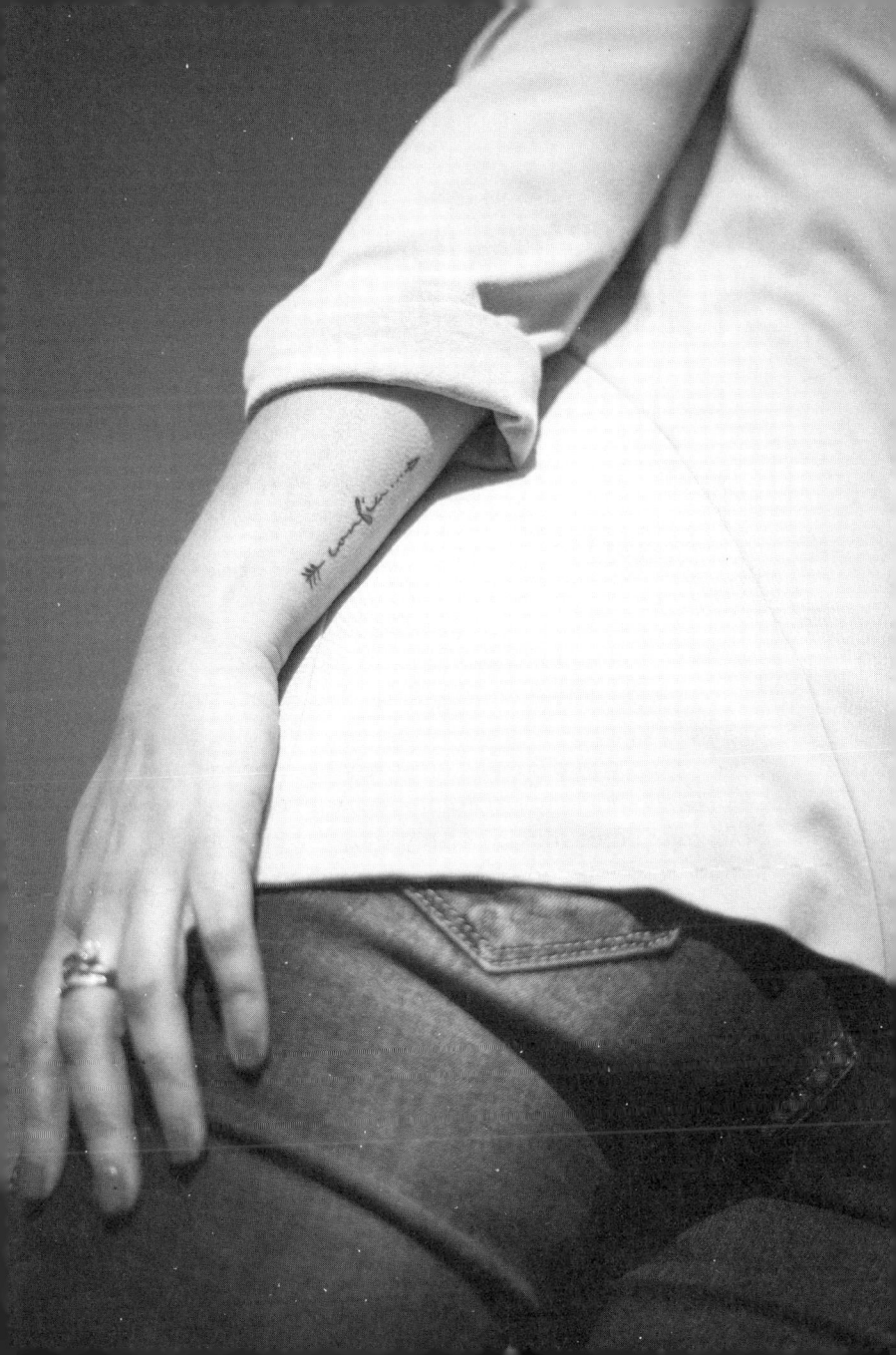

## 6.ª cita contigo

*Te enseñaron a pedir perdón, a decir gracias, y a no lastimar a nadie. Pero ¿te enseñaron a hacerlo hacia dentro?*

Probablemente no.
Y es que somos el resultado de una educación completamente desconectada de nosotros mismos, conectada tan sólo hacia fuera, esencialmente para los demás, en la que no nos han enseñado a cuidarnos, a hablarnos, a tratarnos con amor.
Mensajes como *«habla con respeto»*, *«no critiques a los demás»*, *«pide perdón»*, *«di gracias»*, nos han acompañado a lo largo de toda nuestra vida.
¿Qué crees que pasaría si hoy comenzaras a hacerlo también hacia dentro, hacia ti mismo?
Pídete perdón, aprende a darte las gracias, y nunca nunca te lastimes.

Eres lo único que tienes.

**7.ª cita contigo**

# Si algo es para ti, vendrá a ti

Cuánto sufrimiento nos hubiéramos ahorrado si esto fuera así, ¿verdad?

¿Y si es así?

Quizá cuando algo o alguien es para ti, la vida buscará la manera de mostrártelo, de traértelo, de enseñarte el camino para llegar ahí.

La idea de forzar las cosas, enfocarte en exceso en algo o alguien, te hace más difícil poder fluir con la vida, aprender a dejar ir a lo que se quiere ir, o pasar la página cuando la vida ya te ha puesto otro libro delante de tus ojos.

A veces no lo ves, porque en vez de mirar hacia delante, sigues mirando atrás, a eso que ya se ha ido o que ya no es. En esos momentos, cuando la naturaleza y la vida siguen su curso, sólo te queda aceptar y confiar, y saber que cuando estés preparado para vivirlo, vendrá a ti.

*Si la vida es un baile, lo mejor que puedes hacer es aprender a bailar.*

## 8.ª cita contigo

# *Recuerda no olvidarte de ti*

Esa desconexión de nosotros mismos con la que hemos llegado a donde estamos hoy, hace que no tengamos aún la capacidad de re-conocernos, escucharnos, atendernos y entendernos.
¿Qué necesitas en este momento?
¿Qué pide tu cuerpo?
¿Qué pide tu corazón?
¿Qué necesita tu mente?
¿Cómo estás ahora?
Te invito a contestar estas preguntas y a acordarte de ti.
Tú también existes, tú también importas. No permitas que tu cuerpo enferme porque no se siente escuchado.
Aprende a darte un espacio en tu día para ti, para lo que te apetezca hacer, ya sea descansar, pasear, bailar.

Recuerda
acordarte
de ti.

**9.ª cita contigo**

*Siempre tenemos el poder de elegir a quién escuchamos y a quién no.*
*Que no está la vida para rodearse de los que te dicen «no puedes»*

★

Hay que ser selectivo con las personas de las que nos rodeamos, también a quienes escuchamos, y a quienes preguntamos.
Porque cada persona tiene su propia realidad, la que la limita, la que la posibilita, y cuando alguien te dice algo como «no puedes», la mayoría de las veces está hablando de sí mismo, de su propia limitación.
Escucha, sí, pero elige bien a quién.

Elige siempre lo que quieres escuchar,
con lo que te quieres quedar,
y lo que quieres olvidar.

## 10.ª cita contigo

# *Sé feliz.*
# *Pero no lo intentes;*
# *Sé feliz*

★

Tenemos la suerte de saber que la felicidad se construye.
Se crea, con los pensamientos, la actitud, la gratitud, las
acciones. Más allá de una parte genética y otra
determinada por las circunstancias, gran parte de tu
felicidad está en tus manos, la pregunta es: ¿eres feliz?,
¿quieres realmente ser feliz? Y más aún:
¿qué puedes hacer cada día para ser un poco más feliz?
Pero ¿dónde se esconde la felicidad?
★ La felicidad no está en la realidad; se encuentra
en tu forma de mirar la realidad.
★ En sentir gratitud ante lo que vives,
lo que tienes, lo que eres.
★ En encontrar un sentido a lo que haces,
más allá de ti mismo.
★ En relacionarte positivamente con personas que quieres.

No intentes ser feliz; es más fácil.
Simplemente,
hazte feliz ☺.

**11.ª cita contigo**

# *A veces, decir adiós, es otra forma de decir «me quiero»*

★

A veces, decir adiós a alguien es decirte *hola* a ti, a ese tú que tenías olvidado, por dar prioridad a los demás sobre ti mismo.
Tantas veces te has entregado a otros, olvidando guardar un trozo de ti para ti mismo, al que poder volver cuando todo se acaba...
Hay veces en las que tienes que decir adiós, para recordar el camino de vuelta a casa.
No tengas miedo a decir adiós si eso implica acordarte de ti, ser fiel a tus necesidades, a tus sueños, a tu vida.
Entonces hazlo con determinación.
Cierra una puerta y abre tu vida.
Di «adiós» y aprende a decir «me quiero».

Porque nada hace más daño que ser infiel a uno mismo.

## 12.ª cita contigo

## *Todo pasa por algo*
★

Hace años que ésta es una de mis frases automáticas para resolver conflictos.

Algo le ocurre al cerebro cuando eres capaz de decirte algo mágico en un momento clave capaz de darte calma; y en la calma es más fácil reaccionar, pensar, decidir, elegir.

Todo pasa por algo, ayuda a entender que esto que te está pasando, eso que no entiendes por qué te pasa, en algún momento tendrá una explicación para ti.

Si miras atrás en tu vida, probablemente puedas entender ahora muchas experiencias a las que en su momento no les encontrabas sentido.

Ya lo dijo Steve Jobs con ese concepto de conectar los puntos.

*«No puedes conectar los puntos mirando hacia delante; sólo puedes hacerlo mirando hacia atrás. Así que tienes que confiar en que los puntos se conectarán de alguna forma en el futuro.»*

Todo pasa por algo.
Todo pasa.
Todo.

**13.ª cita contigo**

# Aprende a vivir en ti

No sé si lo has pensado, pero vas a vivir en ti
el resto de tu vida.
Así como llevas contigo toda tu vida, aunque apenas te
hayas dado cuenta.
Aprender a vivir en ti implica aprender a cuidar tu cuerpo,
conocerte, entender qué te gusta, qué necesitas, qué te
motiva, y qué no.
¿Qué podrías hacer para conocerte mejor, para entender lo
que necesitas, para escuchar tu cuerpo?
Prestarte atención.
Vivir en ti es aprender a conocer y entender lo que sientes, lo
que piensas, lo que tu cuerpo te dice, y cuidar de ti.
Cuidar tu cuerpo es cuidar tu templo, forma parte del amor
por ti.
Escuchar, entender y reaccionar a las señales que te manda
tu cuerpo es otra forma de amor.

Vívete. Cuídate. Ámate.
Eres lo único que tienes.

**14.ª cita contigo**

## *Eres el amor de tu vida*

Quizá ésta sea tu asignatura pendiente.
Quizá siempre te han dicho que amar significa
amar a los demás.
Quizá te han hecho creer que ponerse primero en las
relaciones era ser egoísta.
Todos los mensajes que has recibido a lo largo de tu vida te
han hecho no tener la oportunidad de darte el sitio que
mereces, de dedicarte a ti mismo un espacio en ese amor
infinito que ya eres.
Pero nunca es tarde; siempre estás a tiempo.
Recuerda enamorarte de ti, de lo que ya eres, y de lo que
puedes llegar a ser.

Comienza el camino del amor a ti;
destruyendo las barrreras que has construido
hacia ti mismo.

**15.ª cita contigo**

# Toda la vida queriendo ser como otros, y resulta que has nacido para brillar

Quizá te suena eso de sentirte diferente, único, especial.
Quizá sea porque eres diferente, único, especial, y llevas toda tu vida intentando parecerte a alguien, o parecerte a todos, para sentirte normal.
Es más cómodo ser como otros; gastas menos energía, no sobresales, no brillas.
Pero ¿te has preguntado si ése realmente eres tú?
¿Y si naciste para brillar, pero no te lo estás permitiendo?
Te escondes de los miedos, huyes de los grandes esfuerzos, del riesgo, de la verdad, y la tendencia es caer en manos de lo cómodo, de lo conocido,
de lo común. ¡Despierta! Ése no es tu sitio.
Como decía Marianne Williamson:
«Es nuestra luz y no nuestra oscuridad
lo que más nos da miedo».

Tampoco es tan difícil. Recuerda que has nacido para brillar.

## 16.ª cita contigo

# ~~Hogar~~ es cuando sientes que estás en casa. Y a veces es una persona

Hogar eres tú.
Decía Marco Aurelio que en ningún lugar puede alguien encontrar un retiro
más tranquilo e imperturbable que en su propia alma.
Haz de tu alma el mejor lugar para quedarse.
Abraza el silencio.
Ábrete a la duda.
Cuestiona tus certezas.
Cambia los juicios por posibilidades.
Haz de tu alma el mejor hogar y de tu paz un refugio.
Siente que estás en casa, estés donde estés,
porque llevas tu hogar contigo.
Hay quien da la vuelta al mundo buscándose
y acaba encontrándose en cualquier sitio;
porque siempre había estado ahí.

Haz de ti un lugar
donde quedarse a vivir.

**17.ª cita contigo**

# Vive el día como si el mundo acabara esta noche

★

Nos posponemos.
Lo dejamos todo para el final.
Esperando todo el año la semana de vacaciones.
Esperando toda la semana el día de descanso.
Viviendo el domingo pensando en el lunes.
Y así todo.
Confieso que nunca lo he entendido. ¿Y si no llega mañana? ¿Y si te pasas toda la vida trabajando esperando a jubilarte para vivir, y no llegas? Entonces habrás pasado por la vida en modo de espera.
La vida no es para ser pospuesta, es para ser vivida.
Aprende a vivir cada día como si el mundo acabara esa noche.

A veces viviendo
se te olvida vivir.

## 18.ª cita contigo

# Ten paz dentro de ti
★

Tienes la capacidad de crear un paraíso o un infierno,
sólo con tu mente.
Así de inmenso es tu poder.
A pesar de esto, la mayoría de las personas parece que
viven atormentadas.
Se dejan llevar por sus miedos, pensamientos negativos y las
peores posibilidades, para crear escenarios imaginarios en
los que pasa de todo, y en la realidad no pasa nada.
Lo único que pasa es que pierdes la paz, la tranquilidad, el
equilibrio.
Cuando pierdes el contacto con la paz interior, pierdes
contacto contigo mismo. Cuando pierdes contacto contigo
mismo, te pierdes en el mundo.
Ésa es la razón básica de por qué a veces nos perdemos
y nos cuesta encontrarnos.
Busca tu paz, tu quietud, tu tranquilidad.

Ése es el camino de vuelta a ti.

**19.ª cita contigo**

# Lo que miras determina lo que ves

★

Y es que entre tu realidad y tú hay un mundo propio: tu forma de mirar.
Lo que ves crea tu propia realidad,
así como creas lo que crees.
Ése es otro de nuestros poderes:
crear las posibilidades en función de lo que pensamos.
Decía Covey que todo lo que se consigue fue creado dos veces: primero en la mente y luego en la realidad.
Cuando crees que algo es posible, ya lo estás haciendo posible.
Lo que nos pasa, pasa porque, en parte,
hemos hecho que pase.
Cuando consigues algo, probablemente lo has pensado mucho, lo has deseado mucho y habrás hecho mucho para hacerlo realidad.

Todo pasa porque somos,
y porque hacemos que pase.

**20.ª cita contigo**

Mantra:

# Me amo, me acepto, y me perdono

★

## 21.ª cita contigo

*Lo has entendido mal.*
*La vida no te pide que seas*
*perfecto; tan sólo que seas*

★

No sé en qué momento de tu vida se te ha pedido
que seas perfecto.
Quizá nunca, pero es lo que has entendido.
Que no es suficiente con ser quien eres.
Que tienes que ser más de lo que eres.
Que nunca es suficiente con lo que haces.
Que tienes que ser perfecto.
Cuánto daño hace esto, ¿verdad?
Quizá lo has entendido mal.
Quizá es suficiente con ser quien eres,
porque ya eres maravilloso.

Quizá permitirte ser lo que eres
sea tu mayor perfección.

## 22.ª cita contigo

*Quizá vivir implica ser infiel a los demás, para ser fiel a ti mismo*

★

Hoy te invito a ser infiel.
Sí, a ser infiel a la opinión
de los demás, a las expectativas de los demás,
a las necesidades de los demás,
y a ser fiel a ti mismo.
A olvidar todo lo que tanto te ha pesado porque no eras tú,
lo que haces porque los demás lo esperan de ti, lo que
sientes porque se supone que tienes que sentir.
Y te invito a mirarte, sentirte, escucharte, atenderte,
entenderte, vivirte.
A veces hay que recordarte que también estás ahí.
Que también tu opinión cuenta.
Tú cuentas.

Necesita, siente, quiere, sueña, vive
y nunca vuelvas a olvidarte de ti.

**23.ª cita contigo**

# *Nunca encontrarás un momento para brillar mejor que hoy*

★

Mañana lo haré.
Cuando tenga vacaciones disfrutaré la vida.
Cuando lo consiga, seré feliz.
... y así podríamos seguir.
Y la respuesta es no.
No existe el momento perfecto para vivir, para brillar,
para ser feliz.
El momento perfecto lo creas tú con tu decisión
de crear el momento perfecto.
Tus miedos se presentarán muchas veces
en forma de excusa.
Te harán esconderte, hacerte sentir pequeño, limitarte,
posponer tus retos, tus sueños.
Nunca encontrarás un momento para brillar mejor que hoy.

Hoy es el mejor momento
para ser tú.

## 24.ª cita contigo

### *Cualquier cosa es posible si tienes suficiente valor*
*(J. K. Rowling)*

★

Hay algo que nos limita: lo que crees posible y lo que no.
Y hay algo que te acerca a lo que quieres:
lo que crees que se puede, y tu determinación
para conseguirlo.
Todo comienza en tu mente: creer que algo es posible te
acerca a ello; creer que no se puede te aleja de la
posibilidad de hacerlo realidad.
Muchas veces eres esclavo de las trampas de la mente, de
tus miedos, de lo que un día creíste posible, o no.
Decía Helen Keller que todo es posible para un corazón firme
y una mente abierta.

Elige vivir desde una mente abierta que te permita creer y un corazón firme que te permita hacerlo realidad.

### 25.ª cita contigo

# *Quédate con quien se quiera bien, para que pueda quererte mejor*

★

A veces, sin darnos cuenta, somos el objeto del daño, de los problemas y de la desconexión emocional de otras personas; proyectan en nosotros muchos de sus miedos, inseguridades y asuntos emocionales por resolver.
¿Te suena?
Pues quizá tú también lo hagas con otros.
Quizá cuando no te quieres bien, tampoco sabes querer bien a los demás. Todo está conectado. Todo parte de ti, y de la misma manera vuelve a ti.
Todo lo que no tenemos resuelto permanece y se proyecta.
Cuida lo que eres, lo que sientes, para poder proyectar lo mejor de ti en los demás.
Tus relaciones serán un reflejo de lo que eres, de lo que sientes y de lo que crees.
Y aprende a elegir: quédate con quien se quiere bien, para que pueda quererte mejor.

Te dejarás amar en la medida
en la que te amas tú.

## 26.ª cita contigo

*La vida no te quita cosas. A veces, te libera de ellas para que puedas volar más alto*

★

En el momento cuesta entender, aceptar y dejar marchar.
Tendemos a aferrarnos a lo conocido, a lo presente, aunque ello suponga daño, lastre o malestar.
Parece más sencillo quedarse en lo que es, aunque no nos guste del todo, que dar un paso y ver qué hay más allá.
Probablemente en esa decisión o no-decisión, esté funcionando el mecanismo del miedo.
Es importante identificarlo, saber que estamos funcionando desde ahí, para dar el salto al otro extremo: el amor.
Saber que cuando algo cambia, se va, desaparece, probablemente es para que des un paso más, un paso al crecimiento, al desarrollo, desde el cambio.
Poder volar alto.

Quizá eso que se fue pesaba más de lo que creías y no te dejaba desplegar las alas.

**27.ª cita contigo**

## *Lo más bonito de estar en trozos, es que puedes elegir qué hacer con ellos*

★

Una caída es una oportunidad para levantarse diferente.
Una vida en trozos es una oportunidad para comenzar a construir de nuevo.
Lo que quieras. Como quieras.
Desde la nada, con vistas a todo.
Hay muchas formas de verlo.
Quizá puedes mirar desde lo que es, o quizá puedes mirar desde lo que puede llegar a ser.
La vida, un proyecto, tú.

Siempre estás eligiendo lo que haces con lo que tienes.

## 28.ª cita contigo

# *Cree en una meta y crearás un camino*

★

Todo empieza en tu mente, para llegar a ser realidad, o no.
Si algo se ha aprendido de los objetivos, es que necesitan ser imaginados, visualizados, creídos e integrados, para que puedan ser realidad.
Un día escribí algo así como: *Todo y nada está en creer.*
Y es que CREER algo es hacerlo cierto; genera un poder extraordinario de hacer realidad lo que creemos, para bien o para mal.
Cree en una meta, y tu cerebro (con la ayuda del sistema SAR) te ayudará a encontrar la forma de conseguirlo.
Cree en una meta, y la pasión y la energía que se movilizan en tu cuerpo te ayudarán a mantener la fuerza en el camino hasta conseguirlo.

Cree para crear.

**29.ª cita contigo**

# *Aprende a sentir que mereces todo lo bueno que la vida tiene para ti*

★

Uno de los retos que tenemos las personas es sentir que mereceremos lo bueno que pasa en nuestra vida.
Pregúntate cuántas veces has tenido una oportunidad maravillosa y una parte de ti ha pensado
«me encanta, pero no es para mí».
«¿Cómo puede ser para mí algo tan bueno y maravilloso?»
(Si no me lo merezco. No soy digno de ello.)
Con esas palabras me sorprendí a mí misma una vez.
Quizá alguna más.
Sentir que mereces todo lo bueno que la vida tiene para ti es un aprendizaje. Cuando lo sientas, estarás abierto a la vida y a todo lo bueno que la vida puede darte.
Estarás preparado para verlo, para recibirlo, para ir por ello, porque sí,

tú también mereces todo lo bueno
que la vida tiene para ti.

**30.ª cita contigo**

## Mantra:
*(cuatro leyes espirituales de la India)*

«La persona que llega es la persona correcta.»

«Lo que sucede es la única cosa que podía haber sucedido.»

«En cualquier momento que comience, es el momento correcto.»

«Cuando algo termina, termina.»

★

## 31.ª cita contigo

# Disfruta este momento

★

Disfruta del momento.
Nunca más serás así de joven, o de mayor.
Nunca más sentirás lo que sientes ahora, ni estos miedos,
ni estas ilusiones, ni estos sueños.
Simplemente porque nunca más serás quien eres
en este momento.
Cuando la mente se va al mañana
y el recuerdo se va a al ayer, ya no estás.
Cuando la vida está pasando y no estás presente,
ya no estás.
Sólo estás cuando eres aquí y ahora,
eres lo que estás pasando, eres lo que estás sintiendo,
eres lo que estás viviendo.

Así que vive el momento
porque lo único que tienes realmente
es este instante.

## 32.ª cita contigo

# Ama todo de ti

★

Es fácil amar lo que te gusta de ti.
Lo difícil es amar lo que no te gusta.
En ese caso prefieres no verlo, hacer como que no está,
negarlo, rechazarlo.
Mientras sigas haciéndolo, estarás negando una parte de ti;
te estás rechazando a ti.
Amarte a ti mismo implica amar todo lo que eres, tus luces y
tus sombras, tu luz y tu oscuridad.
Ámate con honestidad, con la libertad de ser,
con confianza y conocimiento de ti mismo,
entregado a quien en realidad eres, sin máscaras,
sin condiciones, sin juicios.
Aprende a llenarte de tu presencia y a hacerte feliz;
no le entregues esa responsabilidad a otros.
En palabras de Rumi:

«Si quieres abrir el candado,
no escondas la llave.
Si quieres la luna, no te escondas de la noche.
Si quieres una rosa, no huyas de las espinas.
Si quieres amor, no te escondas de ti mismo».

**33.ª cita contigo**

# ¿Quién eres tú?

★

Descubre quién eres, y empieza a serlo.
Descubre quién quieres ser, y comienza a hacer lo que harías para ser tu mejor versión; entonces, sin saber cómo, un día te habrás acercado mucho a lo que quieres ser, y te darás cuenta de que dentro de ti existe un potencial maravilloso que siempre habías tenido contigo.
Aunque no lo vieras. Aunque no lo veas.
Dentro de ti se encuentra la magia de avanzar, de crecer, de aprender, de desarrollarte, de evolucionar.
Ábrete a ti y te abrirás al mundo,
y en ti se abrirá otro mundo;
uno lleno de posibilidades para conectarte
con la grandeza que ya eres.

Y recuerda que
siempre es el momento de ser
quien quieres ser.

## 34.ª cita contigo

# *Fluir, no forzar*
★

¿Te estás resistiendo a cambios que sabes que son para ti?
¿Sientes que estás fluyendo con la vida, o te estás resistiendo a lo que es?
Fluyes con la vida, o luchas contra ella.
Tú tienes tu propia respuesta.
Escúchate.
Siente qué quieres, piensa qué quieres, libre de juicios, de limitaciones, de miedos. Aprende a reconocer tus propios mensajes, que te llegan desde dentro, y deja de buscarlos fuera.
Cuando algo no es, déjalo ir.
Cuando la vida te pide que vivas un cambio, parece difícil, porque es desconocido, incierto. Pero después de ese miedo, de esa resistencia, está el camino del crecimiento, del avance, del aprendizaje.
¿Cuántas veces lo has vivido así? En el momento no se entiende.
Sólo cuando pasa el tiempo y miras atrás, puedes comprenderlo. Recuerda:

si tienes que forzarlo, quizá no es para ti.

**35.ª cita contigo**

# No pidas permiso para vivir tu vida

★

No pidas permiso para vivir tu vida.
Es tuya.
Sé que lo sabes, pero a veces parece que no lo sabes.
O que no lo recuerdas.
O quizá nunca lo has pensado.
Tus decisiones serán más o menos acertadas, pero son tuyas.
El riesgo a equivocarte siempre estará ahí, pero si te equivocas, será tu error.
Y los sueños están para cumplirlos. Los tuyos.
Que hay quien va por ahí imponiendo sus sueños a los demás, sus normas, su forma de ver la vida, y haciendo sentir a otros que tienen que pedir permiso para vivir su vida.
No.

Sólo tienes que pedir permiso a una persona para vivir tu vida:
a ti mismo.

**36.ª cita contigo**

# Equivócate. Equivócate mucho. Sé imperfecto. Sé tú

★

Eso de ir por la vida sin querer hacer algo por si sale mal resta más de lo que suma.
Ese miedo a fallar, a equivocarnos, a fracasar, nos mantiene en una falsa zona de control, donde la seguridad es aparente y el riesgo de no avanzar es la verdadera equivocación.
Equivocarse está permitido.
Equivocarse es obligatorio.
Cada vez que te equivocas, aprendes, avanzas, creces. Es un paso adelante en la historia de tu vida, en autoconocimiento, en tu desarrollo personal. Equivócate para avanzar; si te equivocas, significará que lo estás intentando.

Lo peor no es equivocarte al hacer algo, es no hacer algo por miedo a equivocarte.

**37.ª cita contigo**

# *No aparentes; vive*

★

Vivimos intentando encajar en un traje que nos han puesto, intentando llegar continuamente a las expectativas que los demás tienen sobre nosotros, intentando ser quien se supone que debemos ser.
Eso nos lleva a vivir aparentando ser algo que no somos.
Para que nos quieran.
Para que nos acepten.
Para encajar en el rompecabezas de «lo normal».
Todo lo que haces para aparentar ser lo que no eres te aleja de ti.

Aparentar te genera vacío,
te desconecta de ti.
Escucha tu corazón para ser tú.

## 38.ª cita contigo

# *Acuérdate de olvidar tus miedos y creer en ti para construir tus sueños*

★

Somos esclavos de esos miedos que se esconden detrás de nuestras excusas.
Cuando no eres capaz de verlos, toman el poder,
te guían, y destruyen tus sueños.
Te dicen que no eres capaz, que no es para ti,
que no puedes.
Recuerda que siempre estarán ahí, pero no tienes por qué escucharlos.
Serán tan grandes como la atención que les des.
Prueba creer en ti.
Entonces los miedos se harán pequeños,
y estarás más cerca de conseguirlo.

Cree en ti y te volverás valiente.

**39.ª cita contigo**

# Todo lo que te ocurre en la vida tiene un sentido

★

Y el sentido es siempre hacia delante.
Ahora es cuando hay que desplegar todo el significado de una palabra mágica: confía.
No sabes por qué, pero confías en que es así.
Ahora no lo puedes entender, pero confías en que con el tiempo lo entenderás.
Un día, al mirar atrás, «se conectarán los puntos»; todo lo que ahora no entiendes, tendrá una explicación para ti.
Lo que ahora ocurre será el comienzo de algo más grande, que si no hubiera ocurrido así, no habría podido ser.

Un día todo tendrá un sentido,
y ese sentido será siempre vivir mirando
adelante, pero entenderlo mirando atrás.

## 40.ª cita contigo

# *El color de tu día lo eliges tú*

★

Los días grises no existen; son producto de tu imaginación. Eso explica por qué cuando el día está gris (lluvia, rayos y truenos) hay personas felices poniendo su mayor alegría en lo que hacen.
Y por qué cuando el día es de colores (sol, flores y mar) hay personas tristes poniendo el día gris a cada persona con la que se encuentran.
Porque todo está en la forma de mirar.
Darte cuenta de qué color has elegido (hay que prestar atención para saberlo) es la clave para pintar los días del color que quieras.

Por tanto, hoy puedes elegir,
¿de qué color quieres pintar tu día?
Y hazlo.

**41.ª cita contigo**

# *Los obstáculos sólo son pruebas del destino para probar tu grandeza*

★

Los obstáculos están para probarnos.
Para que te preguntes, ¿cuánto quiero eso que quiero?
Y ¿qué estoy dispuesto a hacer para conseguirlo?
Las cosas fáciles nunca llevaron a grandes resultados.
Y los caminos difíciles están llenos de obstáculos, por ello pocas personas llegan a la meta. Normalmente, en el primer obstáculo muchos desisten, cambian de camino o renuncian.
Quizá un obstáculo es una oportunidad para preguntarte cuánto quieres eso que quieres,

y recordar por qué estás en el camino
y mantenerte con más fuerza y motivación
para conseguirlo.

**42.ª cita contigo**

# *Eres lo que crees de ti.*
# *Eres lo que te permites ser.*
# *Cree en ti*

★

Lo que crees de ti determina tu realidad.
Probablemente lo has leído muchas veces; quizá no.
Pero ¿lo crees?
Se ha demostrado que todo lo que proyectamos en la realidad nace en la mente; tus creencias marcan el camino de lo que crees que puedes, lo que crees que es y, por tanto, lo que será.
Tus posibilidades y tus limitaciones nacen de lo que crees posible o imposible.
Eres lo único que tienes.
Todo el apoyo, confianza y amor que puedas poner en ti determinará qué consigues, cómo lo consigues y, lo más importante, cómo eres.

Sé amable contigo mismo.

**43.ª cita contigo**

# *Agradece a cada una de las personas que te han ayudado a estar donde estás hoy*

★

Hay personas que te han ayudado para estar donde estás hoy, para ser quien eres hoy, a sentir como sientes hoy. Algunas seguirán en tu vida; otras habrán pasado de largo, y ya no están presentes.
Probablemente sentirás gratitud hacia algunos de ellos, amor por otros y rechazo por otros, en función de las vivencias que hayan tenido.
Es el momento de pensar en cada uno de ellos desde la gratitud; siente gratitud por lo que cada persona te ha enseñado, por cada persona que te ha traído hasta aquí, con tu aprendizaje, con tu daño, con tu experiencia.

Gracias a cada persona que ha pasado por mi vida por hacerme ser quien soy.

**44.ª cita contigo**

# Sé fiel a ti mismo

★

¿Eres de los que hace sentir bien a los demás aunque eso
implique sentirte mal contigo mismo?
Los mensajes que recibimos en nuestro desarrollo siempre
han sido de anteponer a los demás a nosotros mismos;
entiende entonces por qué te pasa lo que te pasa.
Pero ya es hora de encontrarte, de descubrirte, de darte tu
valor, y de preguntarte si de verdad quieres eso que quieres,
y si te hace bien eso que estás viviendo.
No importa lo que los demás piensen,
no importa lo que los demás digan.
Si es necesario,

sé infiel a los demás
para ser fiel a ti mismo.

**45.ª cita contigo**

# *Para un momento. Respira*

★

Deja de pensar.
Deja de sentir.
¿Se puede?
Sólo te pido que pares un momento, y respires.
Parece mentira, pero se nos olvida respirar.
Cuando respiras profundo, parece que se calma todo.
Se oxigena.
Crecen las posibilidades y se reducen las dificultades.
Vale la pena intentarlo.
Cuando respiras, estás aquí.
Creas calma en el caos, creas consciencia en
la inconsciencia, creas presencia en el aquí y ahora.
Y desde ahí, todo se ve diferente.

R e s p i r a.

### 46.ª cita contigo

*Estamos irresistiblemente atraídos por quienes nos traerán los problemas necesarios para nuestra propia evolución*

(Alejandro Jodorowski)

★

Parece que te rodeas constantemente de personas que te hacen daño: parece un patrón.
Y se repite, y se repite, hasta que te das cuenta de que quizá tienes que aprender algo de eso, algo de los demás y algo de ti.
La vida te va poniendo en el camino las situaciones y personas que te ayudarán a desarrollar tu potencial, aprender lo que tienes que aprender y poner en juego tus habilidades, herramientas y recursos para superarlo.
Crecemos a base de personas y experiencias.

En las experiencias está el verdadero aprendizaje.

**47.ª cita contigo**

# *No pases por el mundo sin darnos la oportunidad de conocerte*

★

Estar en segundo plano es cómodo.
Es más fácil.
No destacas, no brillas, por tanto no eres centro de críticas.
Pero tampoco te dejas ver.
Te asomas al mundo, pero no dejas que el mundo se asome a ti, a lo que eres, a lo que puedes aportar.
Hay muchas personas que pasan por la vida de puntitas, sin desarrollar todo lo que llevan dentro, sin compartir con el mundo lo que son.
¿Eres de ésas?
Quizá no lo has pensado, pero estás privando al mundo de la oportunidad de conocerte.

Brilla. Ábrete al mundo y enséñale lo que eres y lo que puedes ser.

**48.ª cita contigo**

# Si quieres llegar lejos empieza a caminar

★

El momento ideal es ahora.
No esperes a tenerlo todo perfecto para empezar a caminar.
No esperes el momento correcto para comenzar algo.
Da un paso.
Cuando das un paso, un universo de posibilidades se abre a
la medida de tus pasos. Un camino. Nuevas oportunidades.
Nuevos recursos.
Cuanto antes des el primer paso,
antes crearás el camino, y más lejos podrás llegar.
En palabras de Martin Luther King:

«Sólo da el primer paso y el resto del camino
irá apareciendo a medida que camines».

**49.ª cita contigo**

# Confía en lo que sientes
★

Quiero hacerte una pregunta:
¿qué te hace sentir más infiel,
hacerle caso a tu mente o hacerle caso a tu corazón?
La mayoría de las personas se sienten infieles a sí mismas
cuando no escuchan su corazón.
Cuando buscas una respuesta, el único lugar donde puedes
encontrarla es en el silencio.
En el silencio de estar dentro de ti, contigo, y es ahí donde
encontrarás lo que necesitas.

Confía en lo que sientes;
tu corazón siempre sabe la respuesta.

50.ª cita contigo

**Mantra:**
(Ho'oponopono)

*Lo siento.
Perdóname.
Te amo,
gracias*

### 51.ª cita contigo

# Ya has vivido suficiente. Ahora te toca disfrutar
### (Albert Espinosa)

⭐

El «piloto automático» podría definir perfectamente nuestra forma de vivir.
Te despiertas, te levantas, trabajas, conduces, vuelves a casa, y hasta el día siguiente.
Vivimos además con una actitud de esperar algo; que algo cambie, que algo llegue, que algo pase.
Lo peor es que no sabemos muy bien el qué.
Pero si hay algo que identifica nuestra forma de vivir, es el absentismo: estamos sin estar, pensamos sin sentir, vivimos sin vivir.
Y la vida es eso que hacemos cada día.
¿Qué tal si disfrutamos cada segundo, el despertar, trabajar, conducir, vivir?

Disfrutar cada segundo es la única forma de recordar que estamos vivos.

## 52.ª cita contigo

*Quizá no te hace daño lo que pasa.*
*Quizá te hace daño lo que esperabas que pasara y no ha pasado*

★

El poder de las expectativas es inmenso. Cuando esperas algo, ya hay una parte de ti que lo hace cierto.
En tu mente creas una historia, una película, de lo que se supone que tiene que pasar.
Cuando eso no pasa, te sientes mal, te frustras, incluso piensas en ese momento que todo te ha salido mal.
La realidad es que no ha salido mal o bien; ha salido como es, sin más, pero te hace daño porque no es lo que querías.
Es diferente a lo que habías imaginado, pero no está mal; simplemente es.

Recuerda que no te hace daño la realidad; te hace daño lo que creías que iba a ser tu realidad.

**53.ª cita contigo**

# Eres más de lo que eres capaz de ver en ti

★

Eres más de lo que ves.
Eres más de lo que crees.
Seguramente te ocurre que algunas personas creen en ti más que tú mismo, o que confían en tus capacidades más que tú mismo.
Tenemos una percepción limitada, sesgada, sobre nosotros mismos; llena de juicios, que nos limita a creer en nuestra capacidad y posibilidades.
Recuerda que sólo es eso: una percepción.
Si los demás ven en ti capacidades, posibilidades, habilidades, seguramente es porque están dentro de ti, aunque no puedas verlo.
Piensa un momento en la persona que más confía en ti en este momento de tu vida. ¿Imaginas cómo podría ser tu vida si aprendieras a mirarte con sus ojos?

Aprende a mirarte con los ojos de la persona que mejor te mira y que esa persona a partir de hoy seas tú.

**Respira.
Todo está
bien**

**54.ª cita contigo**

# *En lugar de preguntarte por qué, aprende a preguntarte para qué*

★

Cuando te preguntas por qué, te anclas al pasado.
No está mal profundizar, reflexionar, analizar qué ha ocurrido y qué te ha llevado allí. La pregunta es, ¿hasta cuándo?
Y es que cada vez que te preguntas por qué, te estás llevando al punto de partida. Cuando te das cuenta y cambias la pregunta, también cambian las respuestas.
Aprender a preguntarte *para qué*, te lleva al futuro, al objetivo.
Ante la pregunta ¿para qué hago lo que hago?, la respuesta moviliza la energía en positivo, se conecta con la motivación y el sentido, y te ayudará a tomar decisiones basadas en tu propio criterio.

Si cambias tus preguntas,
cambiarán también tus respuestas.

CREE
EN
Ti ♥

### 55.ª cita contigo

## Cree en ti

★

Creer en algo ya es hacerlo posible. O no.
Cuando crees en algo, le estás dando la oportunidad
de hacerse realidad.
Cuando crees en ti, te llenas de energía expansiva,
potenciadora,
te acercas a lo que quieres ser, y te alejas de tus miedos.
Cuando crees en ti, te estás dando el poder de conseguirlo,
de hacerlo, de ser quien quieres ser.
Lo único que te separa de lo que quieres ser
es lo que crees que puedes ser.
Una creencia. Un pensamiento.
Eres lo que crees de ti.

Y recuerda:

la distancia entre lo que eres y lo que quieres
se llama creer en ti.

## 56.ª cita contigo

# *Si siguen los mismos obstáculos, es que aún no has aprendido lo que te quieren enseñar*

★

Puede ser que lleves mucho tiempo en el mismo bache.
Puede ser que lleves mucho tiempo superando dificultades de las que pareces no terminar de salir.
Puede ser que sientas que la vida te tiene en un *standby*, donde no avanzas porque sigues en el mismo sitio.
Quizá sientes que no avanzas, pero sí evolucionas, creces, aprendes.
No eres la misma persona que antes de caer en esa repetición.
En lugar de preguntarte *por qué* la vida te pone ahí, pregúntate *para qué* la vida te ha puesto ahí.

Cambian tus preguntas
y también cambian tus respuestas.
Y tu visión de la realidad.
Y de cómo vivirla.

### 57.ª cita contigo

# No necesites.
# Elige
★

El amor no es dependencia.
El amor es elección.
Esconderte de ti para no necesitar a otro no es amor.
Dar a otro el amor que no sabes darte a ti mismo
no es amor.
Quizá lo sea, pero no es un amor sano.
Sólo cuando seas capaz de darte a ti mismo el amor que ya eres, que ya tienes, vivirás las relaciones con libertad y desde la independencia.
Y entonces podrás decir:

«no te necesito;
te elijo».

## 58.ª cita contigo

# Construye desde tus raíces

★

Cuando uno pretende crecer, avanzar, conseguir, siempre se encuentra con el mismo problema:
¿Desde dónde parto?
¿Qué tengo?
¿Quién soy?
Todo lo que construyamos hacia fuera, hacia el exterior (buscando el crecimiento y el éxito), tiene que partir desde dentro, desde tus raíces, desde tu esencia, y construirlo desde la seguridad, la confianza, la aceptación y el conocimiento de uno mismo.

Todo lo demás, igual que se construye, se destruye.

**59.ª cita contigo**

# Antes de caer, vuela

★

A veces tenemos la suerte de darnos cuenta de que estamos cayendo antes de caer.
Sientes que no es tu sitio. Que no es para ti.
Que no era lo que creías que era.
Digo «suerte» porque caer no es malo, pero volar antes de caer es menos malo —aunque más difícil—.
Tomar la decisión de salir de algo que no es para ti, de moverte de un lugar en el que no te sientes tú, de romper la cadena que te ata a un lugar donde no eres feliz,
es de valientes.

La vida te pone muchas veces
al borde del precipicio,
para que aprendas
cuándo saltar
(y cuándo volar
o quedarte
para siempre).

**60.ª cita contigo**

# *Quizá tienes miedo a ver tu propia grandeza*

★

Tu mente te juega malas pasadas:
te hace sentir pequeño cuando eres inmenso, te hace pensar que eres incapaz cuando tienes una capacidad de aprender ilimitada, te hace sentir que no mereces aquello que deseas... y así con todo.
Detrás de eso existe un miedo a mirarte con ojos de grandeza:
ver la inmensidad que eres, sentir lo ilimitado que eres, creer en la capacidad ilimitada que tienes.
Quizá tienes miedo a ver tu propia grandeza.

Quizá es más fácil creerse pequeño que sentir la inmensidad que eres, y tener que actuar en consecuencia.

**61.ª cita contigo**

# Olvida para hacer sitio dentro de ti

*(Benjamín Prado)*

★

Olvidar es otra forma de recordar.
Prueba crear lazos con los recuerdos que te pesan,
y dejarlos marchar.
Agradece todo lo que te han enseñado cada una de las personas que han pasado por tu vida, cada una de las vivencias que te han hecho llegar hasta donde estás hoy.
Y déjalo ir.
Como el niño que suelta un globo y se eleva despacio, lento, hasta el infinito.

La única forma de abrirse a lo que puede ser es dejar marchar lo que ya no es.

**62.ª cita contigo**

# Ten el coraje de ser tú

★

Coraje no es la ausencia de miedo, dice Osho.
Al contrario, coraje es la total presencia del miedo
y el valor para encararlo.
Así, también contigo.
No te escondas, no huyas de ti.
Ten el valor de abrazar tus miedos.
De perseguir tus sueños.
De afrontar tus limitaciones y desplegar tus alas.
De abrazar lo desconocido.
Ten el coraje de ser tú.

Ten el valor de desplegar tus alas
y demuestra que la vida está hecha para ti
y tienes el coraje de vivirla.

**63.ª cita contigo**

# No se trata de ser fuerte. Se trata sólo de SER

★

Muchas veces recibimos mensajes tipo «tienes que ser fuerte», «ser fuerte es tu obligación», «qué bonita/o eres cuando eres fuerte»...
¿De verdad hay que ser siempre fuerte?
Todos somos fuertes. De hecho, de nosotros nace una energía y una fuerza inmensas cuando la situación lo requiere, tanto que ni nosotros mismos sabemos de dónde viene.
Pero no es necesario ser fuerte siempre y ser fuerte en todo. Es una idea errónea que nos hace daño.
Sólo sé tú, vive, siente, cree en ti y en tus recursos para afrontar la vida, y déjame recordarte algo:

también eres bonita/o cuando no eres fuerte.

**64.ª cita contigo**

*Hay personas que no cometen errores, pero toda su vida es un error*

*(Francisco Alcaide)*

★

Mantenerse en la zona de seguridad por miedo
a equivocarse es un error.
No dar un paso adelante por si no es el adecuado
es un error.
Vivir de puntitas por miedo a dejar huella es un error.
Para avanzar hay que equivocarse.
Para acertar hay que cometer errores.
Para aprender hay que fallar.
Y no tengas miedo.

Tener miedo a cometer errores
es el mayor error de todos.

**65.ª cita contigo**

# Haz de lo más importante lo más importante

★

Que se nos olvida.
Probablemente, casi siempre acabas priorizando lo que requiere atención inmediata de ti, lo que esperan los demás de ti, y acabas dejando a un lado lo verdaderamente importante.
¿Qué es para ti lo que de verdad importa?
Trabajo, familia, amigos, vida, tú mismo.
No importa cuál sea tu orden, sólo importa que lo sepas y aprendas a respetarlo. Y eso comienza por recordártelo de vez en cuando.

Hoy recuerda qué es lo más importante
y hazlo importante.

## 66.ª cita contigo

# Confía en el poder de tu curiosidad

★

Es tu curiosidad la que te va a permitir abrirte, explorar, conocer, crecer.
Dicen que la curiosidad es precisamente el motor del aprendizaje.
Déjate llevar por tu curiosidad para explorar nuevas formas, desplegar tu creatividad, crear tu aprendizaje.
En palabras de Walt Disney:
«En este lugar perdemos demasiado tiempo mirando hacia atrás.
Camina hacia el futuro, abriendo nuevas puertas y probando cosas nuevas.

Sé curioso... porque nuestra curiosidad siempre nos conduce por nuevos caminos».

**67.ª cita contigo**

# Eres incondicional

★

Siempre buscamos ese amor incondicional.
El que siempre está ahí, a pesar de los hechos, de las palabras, del tiempo.
A veces lo buscamos en el sitio incorrecto: en los demás.
Déjame decirte que eres incondicional.
Tienes en ti la capacidad de amarte como eres, con lo que eres y lo que eres capaz de ser.
Deja de decirte palabras duras, como «sólo soy bueno si lo consigo», o «no lo merezco».
Mereces todo lo bueno.
Eres incondicional a ti, y para ti.
Puedes quererte como eres.

Te mereces que te amen sin condición.
Te mereces que te ames sin condición.

## 68.ª cita contigo

# Acepta la realidad para mejorarla
★

Aceptar la realidad es hacer las paces con la vida.
Cuando partes de ahí, todo es posible, y construyes sobre posibilidades, orientado al futuro, creando en el presente.
Es difícil, pero es el primer paso para crear, construir, cambiar, aprender, vivir.
Cuando te resistes a lo que es, sigues en el pasado, viviendo en una ruptura con la realidad; porque la realidad es lo que es, no lo que te gustaría que fuera.
Cuanto más tiempo vivas en la negación de la realidad, más tiempo pierdes en construir tu nueva realidad.

Haz las paces con la vida viviendo en el presente.

**69.ª cita contigo**

# Vive antes de morir

★

No todo el mundo vive antes de morir.
Una cosa es estar vivo, y otra vivir.
Vivir con la conciencia de estar vivo.
De ésos hay muy pocos.
Vive viviendo, siente sintiendo, cáete caminando, disfruta aprendiendo, equivócate haciendo, entrégate amando.
Asegúrate de que estás viviendo.
En palabras de Pablo Ráez:

«Lo triste no es morir,
lo triste es no saber vivir».

70.ª cita contigo

Mantra:

## Me amo.
## Me apruebo.
## Me respeto

★

**71.ª cita contigo**

# Cuando sabes lo que quieres, la vida te lo muestra

★

¿Te ha pasado alguna vez que cuando quieres algo, aparece por todos lados?
Te enamoras de un coche rojo modelo X, y de pronto parece que el mundo está repleto de ese coche, en ese color.
Podríamos llamarlo magia, casualidad, coincidencia, moda. Pero lo cierto es que es algo más biológico.
Tiene que ver con la activación del sistema SAR del cerebro: cuando quieres algo, y lo tienes claro (foco), mandas un mensaje a tu cerebro, que te ayuda a filtrar la realidad y mostrarte el camino para conseguirlo (recursos).

Si quieres algo, cree en ello con todas tus fuerzas y la vida te mostrará el camino para conseguirlo.

## 72.ª cita contigo

# Esto también pasará
### (Eckhart Tolle)

★

¿Eres consciente de lo que estás sintiendo en este momento?
¿De lo que estás viviendo en este preciso instante?
Disfrútalo, sea como sea, te guste más o menos, porque ya no es.
Cada segundo vivido, ya se ha ido.
Si lo que estás viviendo es algo duro o difícil para ti, recuerda que pasará y mañana vivirás algo diferente. Mejor o peor, pero seguro diferente.
Si lo que estás viviendo es algo maravilloso, disfrútalo, porque también pasará, y mañana dirás que no lo disfrutaste suficiente.

Somos expertos en estar *aquí* mirando *allí*.
Dis-fru-ta.

**73.ª cita contigo**

# Siente más y piensa menos
★

La mente nos mantiene desconectados de nosotros mismos.
Es maravillosa; nos permite pensar, crear, hacer, decidir.
Nos ayuda a proyectarnos y crear planes y un sinfín de
posibilidades de lo que puede llegar a ser.
Pero también nos juega malas pasadas; juega en nuestra
contra muchas veces y nos mantiene alejados de
nuestra esencia.
Nos mantiene *allí* y nos aleja de *aquí*.
Siempre que te acerques a lo que sientes,
te estás permitiendo ser más tú.
El corazón es el único que puede acallar la mente, sintiendo
y mostrando tu esencia cuando necesites encontrar
respuestas.

Conéctate con el momento,
sintiendo más y pensando menos.

**74.ª cita contigo**

# Tienes 86,400 segundos
★

La vida no es corta o es larga.
La vida no es bonita o es fea.
La vida simplemente es. Y en tus manos está decidir lo que quieres hacer con ella.
Tienes la oportunidad de hacer de ella un lugar de paso, vivirla como obligación, vivirla sin vivir, o elegir pasar por la vida dejando huella, brillar, crear tu propio camino, cambiar de rumbo cuando así lo decidas, y elegir, siempre elegir.
Recuerda que

cada día tienes 86,400 segundos para sentir, creer, crear, caerte, levantarte,
reír, llorar, descubrir,
VIVIR.

### 75.ª cita contigo

# *Las personas llegan a tu vida por una razón, y cuando se van, también*

⭐

Todo el mundo puede enseñarte algo.
Tú también a los demás; a cada persona con la que te relacionas, sin saberlo, la estás transformando.
Agradece a cada persona que llega a tu vida todo lo que te está enseñando.
Y agradece a cada persona que se va de tu vida. Ellas también te han enseñado algo.
Todo tiene una razón, aunque ahora no puedas entenderlo.

Lo que no entiendes de lo que pasa hoy, quizá mañana tendrá una explicación.

## 76.ª cita contigo

# *La vida pone caos en el orden y orden en el caos*

★

Si algo hemos aprendido de la vida, es que buscamos constantemente el equilibrio, porque sabemos que la vida lineal no existe.
Cuando las cosas nos van bien, una parte de nosotros se resiste a disfrutarlo al cien por ciento porque sabemos que es efímero.
Cuando las cosas van mal, en el fondo sabemos que todo pasa.
La vida tiene la capacidad de despertarnos con estos cambios, de hacernos valorar lo que de verdad importa, de enseñarnos a vivir el momento presente, porque todo pasa, todo cambia, todo llega.

La vida pone caos en el orden y orden en el caos para mostrarte lo que de verdad importa cuando tú no puedes verlo.

**77.ª cita contigo**

# *A veces, tras la decisión más difícil, se esconde la mejor recompensa: tú*

★

Quizá ha llegado el momento de acordarte de ti. Priorizarte, darte tu espacio, entender tus mensajes, atender tus necesidades, cuidar tus emociones, recordar tus sueños. Quizá te has pospuesto demasiado. Ya haré algo para mí. Ya me tocará a mí. Lo mío no es importante.
Aprender a decir NO es un aprendizaje difícil que te cambiará la vida. Y, detrás de esa decisión, volverás a encontrarte contigo.

A veces hay que decir *no* a los demás, para decirte *sí* a ti mismo.

## 78.ª cita contigo

# Ábrete a lo positivo, protégete de lo negativo
★

Si hay algo más importante que pensar positivo,
es protegerse de lo negativo.
Tu entorno es determinante: los mensajes que escuchas, las personas con las que te relacionas, los mensajes que te dan.
Un entorno positivo te ayuda a crear un universo de posibilidades desde la capacidad de creer que se puede.
Un entorno negativo destruye todas las posibilidades desde la creencia de que no se puede.

Tú eliges a quién escuchas.

**79.ª cita contigo**

# Lo que hoy te duele, mañana tendrá algo que decirte

★

Probablemente tu mayor aprendizaje haya nacido de tu mayor error.
Tu mayor crecimiento, de tu mayor dolor.
Tu mayor fuerza, de tu mayor obstáculo.
Y así.
Quizá hoy no lo entiendas, pero lo que hoy te duele, mañana será el corazón de un aprendizaje, de un «por qué», de un crecimiento.

No tengas miedo a las sombras,
porque de ahí nace la luz.

## 80.ª cita contigo

*Creo en ti.*
*Eres.*
*Me basta*
*(Ángel González)*

★

No tienes que conseguir nada extraordinario para ser maravilloso.
Ya lo eres.
Cuanto más te permitas ser tú, más brillará tu autenticidad, más llenarás los vacíos, más completo serás, y así te percibirán los demás.
Qué poder tiene decirle estas palabras a alguien:
«Creo en ti, eres, me basta».
Qué poder tendría decirte a ti mismo estas palabras:

Creo en mí.
Ya soy.
Me basta.

**81.ª cita contigo**

# Ama el presente
★

Lo único cierto es el aquí y ahora.
Nada de lo que ha pasado (pasado) tiene poder sobre ti, porque ya no está. Nada de lo que puede pasar (futuro) es real. Tan sólo tienes el ahora.
Amar el presente implica ser consciente del momento, darte cuenta de lo que estás viviendo, de lo que estás viendo, de lo que estás sintiendo,
y disfrutar.
Vive aceptando tu pasado, disfrutando tu presente y confiando en tu futuro.

Ama el presente.
Es lo único que tienes.

## 82.ª cita contigo

# *Sigue adelante*
★

Si hay una frase que resume la vida en los momentos difíciles, podría ser ésta: sigue adelante.
Cuando estás cansado, pierdes las fuerzas, bajas la cabeza, no puedes levantarte; es preciso recordarla, que te la recuerden, o regalársela a alguien que lo necesite.
Puedes parar, puedes descansar y tomar fuerzas, pero el camino se crea siempre hacia delante.
En el camino puedes descansar,
pero no puedes rendirte.
Y recuerda que:

tienes en tus manos el poder de crear el camino que quieras.

**83.ª cita contigo**

*No juzgues, vive*

★

Nadie conoce la realidad de una persona, sólo ella.
Puedes imaginar, intuir, inventar una historia, todo porque, de alguna manera, necesitas una explicación, un porqué.
Pero no lo sabes. Todo es producto de tu imaginación.
Sin embargo, te permites juzgar, opinar y tomar por verdadero mucho de lo que piensas y crees.

No juzgues, vive.
Lo que vivimos por dentro no siempre se ve por fuera. Cuídate de juzgar a quien tienes delante.

## 84.ª cita contigo

*Piensas una cosa. Deseas otra. Amas otra y haces otra*

(Alejandro Jodorowsky)

★

Y luego nos pasa lo que nos pasa.
Nos sentimos incoherentes.
Desequilibrados. Vacíos.
Pensamos que la vida no juega a nuestro favor, que nadie nos conoce de verdad, que la vida es difícil.
Las personas necesitamos coherencia, orden, equilibrio. Es la única manera de encontrar esa paz interior que no necesita de nada más.
Quizá la vida es más sencilla y la estamos complicando.
Empieza por ti.

Ama quien eres, lo que tienes, lo que quieres.

**85.ª cita contigo**

# Serendipia eres tú

★

Serendipia: hallazgo afortunado, valioso e inesperado que se produce de manera accidental o causal, cuando se está buscando una cosa distinta.
Te ha pasado muchas veces: buscando una cosa encuentras otra mejor.
Creando algo, te sale otra cosa que no esperabas, que te gusta más, o tiene más relevancia.
La vida es serendipia.
Y descubriendo la vida, te encuentras con la mayor serendipia: tú.

Tu mayor descubrimiento
siempre serás tú mismo.

## 86.ª cita contigo

# Has nacido para brillar
★

Todos hemos nacido para brillar, pero no todos nos lo permitimos.
¿A qué le tenemos miedo?
¿A qué le tienes miedo?
Has nacido para brillar. No tienes que buscar nada fuera; todo lo que eres es lo que necesitas. Cuanto más conectes contigo, más fuerza encontrarás para mostrar tu brillo.
No vale de nada esconderse.
No sirve de nada sentirse pequeño.
Y además,

si te permites brillar,
también harás brillar a los demás.

### 87.ª cita contigo

## *Estamos hechos de recuerdos, piel y sueños*
★

Somos recuerdos que no queremos olvidar.
Estamos llenos de historias, algunas atadas con moños, otras escondidas en los baúles de nuestra memoria para no sufrir.
Estamos hechos de piel. De todas aquellas historias que han formado parte de nuestra vida y de todas las que están por llegar.
Y sueños. Somos a la medida de nuestros sueños.

Eres tan grande como todo
lo que te permitas soñar.

## 88.ª cita contigo

# Vive en sintonía

★

Vive en sintonía con la vida, contigo.
Estar en sintonía se trata de fluir, de dejarse llevar por lo que la vida te presenta, de abrirse a lo nuevo y de dejar ir lo que ya no es. Se trata de no resistirse a lo que es y de aceptarlo como punto de partida para construir lo que quieres que sea.
La vida te responde diferente en función de esa sintonía contigo mismo.

Cuando no estás en sintonía contigo mismo,
la vida parece que te responde NO.
Cuando te aceptas y te comprendes,
la vida te responde SÍ.

**89.ª cita contigo**

# *Los que te dicen «no puedes» en realidad te están diciendo «yo no me atrevo»*

★

Cuando alguien te da una opinión o emite un juicio
sobre alguien, en realidad está hablando más de sí mismo
que del otro.
Nos comunicamos con unos anteojos para ver el mundo que
nos limitan a lo que vemos, no a lo que es.
Nadie tiene la verdad absoluta porque no existe;
cada uno tiene la suya.
Nadie tiene el poder de decidir si puedes conseguirlo o no.
Y recuerda que

cuando te dices «yo puedo»,
ya has creado la mitad del camino.

90.ª cita contigo

*Mantra*

# No espero nada y lo aprecio todo

★

**91.ª cita contigo**

## Siente las gracias
★

El universo entero se conmueve ante la gratitud.
Nuestro sistema inmunológico se hace más fuerte
cuando somos agradecidos.
Agradecidos con la vida, con la naturaleza, con el universo.
Agradecidos con las personas que nos han dado la vida,
con nuestra pareja, nuestros amigos y compañeros.
Agradecidos, con nosotros mismos, por nuestro esfuerzo
diario, por nuestra superación, por tantas cosas...

Siente las gracias y déjate inundar
por la magia de la gratitud.

## 92.ª cita contigo

# Disfruta del camino
★

Vamos por la vida como si llegáramos tarde a algún sitio.
Piensa qué has hecho hoy. Qué hiciste ayer.
Probablemente te recuerdes corriendo de un lado a otro
porque no llegabas a tiempo.
Así vivimos todo.
El verdadero regalo no está en la meta; de hecho,
¿cuál es la meta?
El verdadero regalo es el camino.

No tengas prisa, no corras.
Disfruta del camino.
Tu meta eres tú mismo.

**93.ª cita contigo**

## *Tu belleza es mayor cuando te sientes libre*

★

Cuando te permites ser tú, muestras al mundo y a ti mismo
la belleza que eres.
La libertad de sentir lo que sientes, pensar lo que piensas,
de amar lo que amas.
La libertad de elegir; cada vez que eliges, eres libre.
Sentirte libre te hace grande; recuerda no olvidarte de ti.

No hay nada que merezca que escondas
la libertad de ser tú.

## 94.ª cita contigo

*Cuando nuestro mundo exterior se cae, sólo nos queda levantarnos por dentro*

(Albert Ureña)

★

No puedes controlar lo que pasa.
Lo que dicen, lo que hacen, lo que deciden otras personas.
No puedes controlar lo que pasa en el mundo.
No puedes elegir lo que les pasa a las personas que quieres.
Sólo tienes el poder de elegir qué haces con lo que pasa.
Cuando todo se derrumba fuera, puedes elegir caer con ello
o levantarte y actuar desde ahí.
Recuerda que

cuando brillas,
tu luz también ilumina
a otras personas.

**95.ª cita contigo**

# La confianza es como la fe. Hay que creer sin ver

★

La confianza tiene magia.
No se ve, pero se siente.
No se ve, pero se ven las consecuencias de tenerla,
o de no tenerla.
No se puede explicar, pero genera una fuerza ilimitada
en uno mismo y en los demás.
Cuando confías en algo, lo potencias. Cuando confías
en alguien, lo potencias a ser mejor.
Confía para hacerlo posible.

La confianza es una de las fuerzas más poderosas para hacer algo realidad.

## 96.ª cita contigo

# *Enamórate de tu vulnerabilidad*

★

Quizá no seas consciente de lo que te hace vulnerable,
porque es algo que tendemos a rechazar o no querer ver,
porque nos hace sentirnos débiles.
Rechazarlo es precisamente lo que te hace débil.
Sentirte imperfecto, débil, pequeño, o sentir miedo, te
recuerda que estás vivo.
Enamórate de la imperfección de ser tú.
Abraza tu vulnerabilidad, enamórate de ella
y recuerda que tu vulnerabilidad es tu fortaleza.
Es lo que te acercará a los demás;
permitirte la humanidad de ser imperfecto,
la imperfección de ser humano.
El reto está en encontrar
tu mayor seguridad al sentirte vulnerable.

Porque sentirte vulnerable
es abrirte a la vida.
A sentir. A vivir.

**97.ª cita contigo**

# Escúchate. Quiérete. Vívete
★

El amor por uno mismo implica cuidarse y dejarse cuidar.
Cuesta cuando te han enseñado más a cuidar a los demás
que cuidarte o dejar que te cuiden.
Escúchate, qué dice tu cuerpo, qué dicen tus emociones,
qué te dices a ti mismo cuando piensas.
Quiérete, el amor a ti mismo será el comienzo
de la historia de amor
más bonita de tu vida.
Vívete. Disfruta el milagro de ser tú, de vivir la vida que vives,
de sentir lo que sientes, de pensar lo que piensas.

Amar(te) es cuidar(te).

## 98.ª cita contigo

# *Aléjate de todo lo que te aleje de ti*
★

Hay un indicador básico para saber si estás en el camino correcto: si te hace sentir coherente, es correcto.
Pero ¿cuántas veces has dicho sí cuando querías decir no?, ¿cuántas veces no has tenido la determinación de cambiar de camino (trabajo, pareja, vida) aun sintiendo que te estabas siendo infiel a ti mismo?

Si tienes que pagar el precio de no ser tú
para escoger un camino,
no es tu camino.

**99.ª cita contigo**

# Siempre te tienes a ti
★

Las personas en tu vida van y vienen.
La suerte, si existe, aparece y desaparece.
Los proyectos, la motivación, las ideas… están y no están.
Si hay algo que siempre debe permanecer contigo, eres tú.
Demuéstrate a ti mismo lo que es estar incondicionalmente,
estar a pesar de todo, perdonarte y permitirte ser, aun
cuando sepas que puedes hacerlo mejor.
Quédate siempre contigo,
y te tendrás siempre.

Si quieres amor verdadero,
ámate a ti misma/o.

## 100.ª cita contigo

# *Si algo no te gusta, cambia*
★

Tenemos un rechazo al cambio basado en el miedo. Miedo a lo desconocido, a lo incierto, y preferimos estar como estamos aunque no nos guste (certeza) a lo que puede ser, aunque pueda ser mejor (incertidumbre). Sabiendo que no sólo te pasa a ti, que es más común de lo que crees, y que el rechazo al cambio es una manifestación del miedo a lo desconocido, puedes hacerlo más fácil.

Si algo no es como quieres, cámbialo.
Si no estás donde te gustaría, muévete.
Si no eres como quisieras, comienza hoy.

**101.ª cita contigo**

# El secreto está en quererte
★

No hay mayor secreto en la vida para conseguir ser feliz que éste.
Cuando eres capaz de amarte, amas todo lo que eres; lo que te gusta de ti y lo que no te gusta. Lo que puedes hacer y lo que todavía no has conseguido.
Tu luz y tu oscuridad.
Cuando aprendes a amarte, te liberas de la culpa, ésa que ya no puede cambiar el pasado; te alejas de la ansiedad, ésa que no puede cambiar el futuro.
Te acercas a la realidad que eres,
te miras con ojos de abrazo,
te abrazas con ojos de compasión.
Cuando aprendes a amarte, simplemente eres.

No hay truco. Sólo magia.
La magia de amarte como eres.

## 102.ª cita contigo

# *Tu aceptación es tu libertad y tus miedos son tus cadenas*
★

Todo lo que aceptas de ti te transforma.
Todo lo que rechazas de ti te mantiene atado.
Tus miedos te alejan de tus sueños, de lo que puede ser, de lo que eres pero aún no sabes.
La aceptación pasa por ser consciente, saber que algo es, y partir de ahí para cambiarlo, crear algo diferente o sentirte libre para mantenerlo. Pero desde la consciencia.
En palabras de Carl Gustav Jung:

«A lo que te resistes, persiste».

## 103.ª cita contigo

# Sentirte pequeño no ayuda al mundo

★

Nos han educado haciéndonos creer que mirarnos con ojos de grandeza está mal. Humildad le llaman.
Pero cuánto daño hace cuando se entiende mal.
Mírate al espejo.
Quizá eres más de lo que siempre has creído.
Quizá tienes más capacidades de las que un día pensaste.
Quizá eso que sueñas no está tan lejos como te quieres hacer creer.
Quizá tienes muchos talentos que no has desarrollado porque no has creído suficiente en ti.
Quizá, sólo quizá,

eres más grande de lo que crees.

**104.ª cita contigo**

# *Lo que termina da comienzo a nuevos principios*

★

No te resistas a lo que es.
Lo que era ya no es.
Lo que tienes es lo que queda, y puede ser lo que quieras hacer de ello: un reto, una oportunidad o un castigo.
Todo está en tus manos.
Dejar ir implica soltar.
Suelta.
Cuando se cierran unas puertas, se abren otras; nuevas opciones, nuevas oportunidades, nuevas posibilidades.
Aprende a mirar con ojos nuevos todo lo que viene
y agradece lo que se va.

Todo comienzo lleva a un final
y todo final lleva a nuevos comienzos.

**105.ª cita contigo**

## *Todo empieza siempre*
★

Cada día empieza algo nuevo, algo diferente,
una nueva oportunidad para hacerlo de otra manera.
Crear lo que querías ayer, con otros cimientos más reales
y más sólidos, con más verdad y menos miedo.
La clave está en quedarse con mucho de lo bueno de
lo anterior, pero dejando atrás el peso de lo que nunca fue
o de lo que ya no quieres que sea.
La vida te regala cada día la oportunidad
de empezar de nuevo.
Como dice Fito Páez en una canción:

«Todo empieza siempre una vez más».

## 106.ª cita contigo

# *Tu única certeza es este instante. Lo demás, una posibilidad*

★

Tu mente en el ayer, recordando cosas que han pasado,
y otras que podrían haber ocurrido de otra forma.
Tu mente en el mañana, imaginando opciones
de lo que puede pasar —la mayoría de las veces te pones
en lo peor—, generando miedos, nervios, ansiedad.
Déjame decirte que quizá te estás haciendo daño por algo
que no existe.
Ya no existe.
Todavía no existe.

Lo único real es este momento.

**107.ª cita contigo**

# Rodéate de quien te haga crecer
★

Tenemos el poder de hacer sentir grandes a las personas que pasan por nuestra vida.
Recuerda alguna persona que hizo eso contigo:
al pasar por tu vida, te hizo creer más en ti, confiar en tus posibilidades o dar pasos que probablemente no hubieras dado si no hubiera llegado a tu vida.
Elige bien de quién te rodeas, a quién dejas que forme parte de tu vida, porque hay personas que pueden hacer de ti más de lo que ya eres.

Rodéate de quien te haga sentir más de lo que crees que eres y te acercarás a lo que puedes llegar a ser.

## 108.ª cita contigo

# *Lo que intentas evitar seguirá en tu vida*

★

Huir de algo no hace que desaparezca.
Hacer como que no pasa nada no hace que no pase nada.
Aquello que estás evitando permanece y se quedará ahí,
aunque no lo veas, hasta que decidas afrontarlo, dejarlo
aflorar, hacerlo visible y resolverlo.
No te preocupes si ahora no crees que sea el momento:

todo aquello que intentas evitar te lo pondrá
la vida por delante cuando estés preparado
para resolverlo.

**109.ª cita contigo**

# La vida es un juego de máscaras
★

Nacemos puros y con el tiempo vamos aprendiendo a disfrazarnos con diferentes máscaras, con el objetivo de ser aceptados.
Por los demás y por nosotros mismos.
A veces, la propia máscara pesa.
Ya no sabes quitártela. Y te sientes solo.
Y quieres encontrarte. Pero no te encuentras.
En palabras de Eshin:
«Fabricamos una máscara para encontrarnos con las máscaras de los demás.

Y luego nos preguntamos por qué no tenemos a quién amar, por qué nos sentimos tan solos. Y quieres encontrarte. Pero no te encuentras».

110.ª cita contigo

Mantra:

# Mantengo mis pensamientos y mi corazón en lo que quiero crear

**111.ª cita contigo**

# Cuando realmente probamos nuestra grandeza es ante la adversidad

★

Las personas más grandes que conoces probablemente han vivido vidas difíciles, han superado grandes obstáculos o han conseguido retos que parecían imposibles.
La adversidad nos hace grandes.
Cada dificultad te ayuda a aprender, ampliar tu visión, superarte, crecer.
Cuando un obstáculo se cruce en tu camino, aprende a mirarlo de frente y preguntarle:
¿qué me quieres enseñar?

Los obstáculos te ayudan a probar tu grandeza.

## 112.ª cita contigo

*Lo único que nos queda cuando no nos queda nada es pensar que nos queda todo*

★

Hay momentos en la vida en los que sientes que has perdido. Algo que se escapa de tu control te ha demostrado una vez más que no siempre está en tu poder poner las reglas del juego.
Lo único que queda en ese momento es confiar.
Confiar en que esto también pasará, en que todo ocurre por alguna razón, en que quedan más opciones en las que apoyarte.
Pensar que no tienes nada o pensar que te queda todo.
Porque al final,

todo y nada está en creer.

**113.ª cita contigo**

# *Cuando te amas a ti mismo, la vida también te ama*

*(Louise Hay)*

★

Hay algo mágico —y real— en esta frase.
Cuando te das la espalda a ti mismo, te rechazas, te escondes de ti, no te aceptas, parece que la vida hace lo mismo contigo; algo está en desequilibrio, no encaja, y tu realidad interior se proyecta en el exterior.
Y también ocurre al revés.
Cuando por fin comienzas a aceptarte desde tu esencia, tu perfecta imperfección, tu grandeza ilimitada, parece que todo encaja dentro de ti, se equilibra, y lo mismo proyectas en tu mundo exterior, y entonces, sin saber cómo ni por qué, puedes sentir que

la vida te ama.

**114.ª cita contigo**

## No te olvides de ti

★

Somos los grandes olvidados de nuestra propia vida.
Busca tiempo para ti.
Inclúyete en los planes.
Haz algo hoy que te encante.
Recuerda algo que siempre has querido hacer
y nunca has comenzado.
Toma una decisión importante pensando en ti.
Regálate algo que te hace ilusión tener.
Siente lo importante que eres para ti mismo,
aunque a veces se te olvide recordarlo.

Ama, pero hazlo primero contigo.
Cuida, pero cuídate primero tú.
Regala tiempo a los demás,
pero regálatelo también a ti mismo.
Y así, con todo.

**115.ª cita contigo**

# Lo que pasa sólo es lo que pasa

★

No hay nada extraordinario en lo que pasa; sólo es.
El color se lo das tú cuando interpretas lo que pasa.
Cuando percibes y calificas algo como maravilloso o espantoso, esa interpretación es lo que te ayuda o te hace daño. Es tu pincel para pintar la realidad.
*Lo que pasa*, en sí mismo tiene un color neutro.
El poder de pintar *lo que pasa* con el color que quieras lo tienes tú.
En palabras de Alejandro Jodorowski:

«Los acontecimientos no piensan. Cada uno de nosotros da un significado diferente a lo que acontece».

## 116.ª cita contigo

# Todo necesita su tiempo

★

Todo lo queremos ya.
Te inscribes en un curso y lo abandonas porque entiendes que no estás aprendiendo suficiente.
Comienzas una dieta y la dejas en el primer mes porque los resultados no son los que esperabas.
Y así muchas cosas más.
Todo necesita su tiempo.
Y el tiempo necesita de ti la paciencia suficiente para hacerlo posible.
La impaciencia te llevará al abandono y a sentir que no terminas nada.
En palabras de Neale Donald Walsh:

«La impaciencia te llevará muy deprisa a ninguna parte».

**117.ª cita contigo**

# Cuando recuerdas mucho es que estás viviendo poco

★

Quizá estás viviendo poco
o quizá mantienes tu mente mucho tiempo en el recuerdo,
y eso te impide disfrutar del ahora.
En ese caso, la sensación es de no vivir el momento presente,
sino de recordar momentos vividos.
Recordar es precioso.
*Re-cordis*: viene del latín, y significa «volver a pasar por el corazón».
Sólo hay que tener cuidado de que recordar demasiado no te impida vivir lo que está pasando ahora. Recuerda que

lo que estás viviendo ahora
sólo existe una vez.
Aquí y ahora.

## 118.ª cita contigo

# Eres único
★

Nos falta consciencia del milagro que somos.
Probablemente nunca lo has pensado.
¿Conoces a alguien como tú?
¿Que sienta lo que sientes tú?
¿Que piense como tú?
¿Que tenga tu inteligencia, tu sensibilidad,
tus talentos o cualidades?
Déjame decirte que no existe nadie como tú.
Eres único.
No hay nadie igual.
Eres un milagro del universo.

Aprende a vivirte como el milagro que eres.

**119.ª cita contigo**

## *Mira lo que eres y olvida lo que no tienes*

⭐

Somos expertos en tener la mirada puesta en lo que no
y en no valorar lo que sí.
Lo que sí tenemos.
Lo que sí está.
Lo que sí funciona.
Lo que sí somos.
Quiero que sepas que te haces daño cada vez que miras de forma parcial, cuando sólo ves lo que no y no puedes ver lo que sí.

Olvida unos minutos lo que te falta
y agradece lo que tienes y lo que eres.

## 120.ª cita contigo

# *Tú eres tu mejor proyecto*
★

Tanto tiempo pensando en todo lo que tienes que hacer.
En lo que los demás esperan de ti, en tus proyectos, el trabajo, todo lo que tienes que terminar a tiempo.
Tienes toda tu energía enfocada en la vida, sí, pero en la vida exterior.
¿Y tú?
Recuerda que tú eres tu mejor proyecto,
y todo lo que inviertas en ti,
en tiempo, espacio, silencios, paz, te vendrá de vuelta multiplicado, especialmente en tu felicidad.
En palabras de Jean Jacques Rousseau:

«Cada día tengo más claro
que no se puede
ser feliz en la tierra,
más que en la medida
en que uno se aleje de las cosas
y se acerque a sí mismo».

### 121.ª cita contigo

# Busca tu sentido
★

Busca tu sentido para encontrar tu camino.
Cuando sigues el camino para lograr aquello que te importa, hacer lo que te emociona y te hace vibrar, el camino va apareciendo a cada paso.
Cuando vives la vida dentro de ti.
Cuando tienes claro aquello en lo que crees y actúas en consonancia.
Entonces tu realidad se llena de sentido, aparece con claridad el camino, y experimentas una poderosa sensación de vitalidad y plenitud.

Encontrar tu sentido es encontrarte a ti.

## 122.ª cita contigo

## *Eres más en positivo*
★

Pensar en positivo es una tarea que requiere querer, esfuerzo y constancia.
El pensamiento positivo no garantiza el resultado, el éxito o que lo consigas, pero crea mejores condiciones para tenerlo.
Pensar en positivo es de valientes: es pensar desde tu realidad, enfocado en las opciones y las posibilidades, lo que te ayuda a tomar conciencia para ser autocrítico, conocer tus fortalezas, ser consciente de tus debilidades, y creer en ti para conseguir tus objetivos para crear tu vida.

En positivo eres más: más fuerte, más capaz y con más recursos.

**123.ª cita contigo**

# Cada segundo es una oportunidad de recordar que estás vivo

★

Vivir no es lo mismo que estar vivo;
hay quien está vivo pero aún no lo sabe.
Es triste ver que hay personas que aún no se han dado
cuenta de que la vida es esto, la vida es hoy,
la vida es ahora.
Despertar a ella es lo que te hará realmente consciente,
agradecido y feliz.
En palabras de Erich Fromm:
«El objetivo de la vida es nacer plenamente,
pero la mayor tragedia consiste en que

la mayor parte de nosotros muere sin haber nacido verdaderamente.
Vivir es nacer a cada instante».

## 124.ª cita contigo

# *Tu futuro es hoy*
★

Tu futuro aún no existe.
Sin embargo, vivimos sacrificando el presente por el futuro.
Pero tu futuro depende de lo que hagas hoy.
Lo estás creando con cada paso, en cada instante, con cada decisión, con cada acción, hasta las más pequeñas.
Tienes en tus manos la oportunidad de crear el futuro que quieras, de acercarte a lo que quieres ser, de conseguir tus objetivos, de construir tus sueños, si tienes constancia, esfuerzo, y crees de verdad en ellos.
Y en ti.
Sólo con la intención no se consigue nada;
es un primer paso, pero el secreto está en la acción.

Si te preocupa el futuro,
invierte en el presente.

**125.ª cita contigo**

# *Para ser tu mejor versión, dedícate a aquello que amas*

★

¿Conoces a alguien que brille haciendo algo que no ama? Seguramente no. Puedes ser bueno, aplicado, constante, pero la excelencia está reservada para los que consiguen hacer de su pasión su profesión.
Eso pasa por ser consciente de qué te gusta hacer, estar atento a tus talentos y desarrollarlos; comprometerte contigo mismo y tu vocación, y enamorarte de lo que haces cada día.
Así, trabajando desde lo que te apasiona, como decía Confucio, no tendrás que trabajar ni un día más de tu vida.

Descubre tu vocación, haz lo que te apasiona y transfórmalo en tu profesión.

**126.ª cita contigo**

# El éxito es lo que tú quieras que sea

⭐

El éxito no existe.
¿Qué es el éxito?
Para unos es llegar lejos. Conquistar cimas empresariales.
Para otros es crear algo propio, dejar huella en el mundo.
Para otras personas, el éxito es ser feliz con lo que hacen.
Esta diversidad de percepciones sobre el éxito es para recordarte que el éxito no existe;
sólo es lo que tú quieras que sea.
¿Qué es para ti el éxito?,
¿en qué momento podrías decir: «tengo éxito»?
Quizá

el éxito no es llegar lejos,
es estar donde quieres estar.

### 127.ª cita contigo

## *Mira adelante*

★

Hay días para mirar atrás.
Para bajar la mirada, para que te falten las fuerzas.
Ser humano debería implicar sentirse humano;
sentir que puedes caerte, equivocarte, porque eres imperfecto.
Y no pasa nada.
Y después de eso, volver a ti.
Recordar por qué haces lo que haces, para qué estás aquí, y poner el foco en lo que puedes ganar y no en lo que has perdido.
Caerse es natural; levantarse es obligatorio.

Siempre aprenderás a levantarte si pones tu mirada en tu horizonte y no en el suelo.

## 128.ª cita contigo

# *Sí, arriésgate.*
# *Ésa es siempre la respuesta*
### *(Albert Espinosa)*

★

Cuando tienes miedo a decir sí,
quizá es por lo que puedes perder.
Pero desde ahí no ves que pierdes más cuando no lo
intentas; pierdes todas las opciones de ganar.
Decir sí a lo que te llena, te motiva, te inspira,
es decirte sí a ti mismo.
Es decir sí a avanzar, a salir de lo conocido hacia la emoción
de lo desconocido; es decir sí a cruzar nuevos horizontes
o a conquistar nuevas metas.
Cuando dices no a algo que te ilusiona,
estás negando una parte de ti.
Quizá por miedo a perder, quizá —por qué no—
por miedo a ganar.
En palabras de Kierkegaard:

«Arriesgarse es perder el equilibrio
momentáneamente.
No arriesgarse es perderse uno mismo».

**129.ª cita contigo**

# *Acomódate en la incomodidad*

★

Nos cuesta sentirnos bien en la incomodidad.
De hecho, cuando detectamos algo que nos hace sentir incómodos, tendemos a querer salir de ahí rápidamente, hacia el primer lugar «seguro», aunque no sea el más deseado o el ideal.
Vivir la incomodidad es parte del desarrollo.
La incomodidad implica sensación de desequilibrio, y ese desequilibrio dará lugar a un nuevo equilibrio, con un nuevo aprendizaje, una adaptación, con más crecimiento y avance.

En la incomodidad está el desarrollo.

130.ª cita contigo

Mantra:

*Estamos de paso, la vida es un regalo. Soy feliz*

★

## 131.ª cita contigo

# *Tú eres tu mayor amigo y tu mayor enemigo*

★

Tú eres tu mayor aliado, pero a veces también te conviertes
en tu mayor obstáculo.
¿Te suena?
Te ayudas a conseguir lo que quieres,
te animas y confías en ti.
Pero en ocasiones te llenas de dudas, inseguridad,
miedos que te alejan de ello.
Siempre estás eligiendo si eres luz o eres sombra; si eres
constructor de tus sueños o destructor de lo que sueñas.
Tienes la capacidad de elegir qué quieres hacer de ti:
llenarte de paz o llenarte de miedos e inseguridad.
Sólo con lo que piensas.
Sé consciente del poder que tienes en tu interior,
y juega a tu favor.

Sé amable contigo mismo.

## 132.ª cita contigo

# *No hacer nada es hacer mucho*

★

Vivimos con miedo a parar.
Parece que cuando paras, todo se para. Parar te genera miedo, vértigo, la mayoría de las veces es impensable hacerlo voluntariamente.
Pero la vida se encarga de pararte cuando tú no sabes.
No pasa nada.
Pararse es necesario para respirar.
No hacer nada es hacer mucho; es relajarse, es reflexionar, es simplemente ser. Pararse sin hacer nada, además, ayuda al cerebro a descansar, y desde ahí, a funcionar mejor.

Párate, descansa
y disfruta del viaje de ser tú.

**133.ª cita contigo**

# Sonríe
# para ser feliz
★

No es necesario que esperes a estar feliz para sonreír.
Lo puedes hacer al revés.
Cuando sonríes sin motivo, incluso sin ganas, la *información propioceptiva* que llega al cerebro es algo así como «si sonrío es que estoy feliz», y genera la bioquímica propia de esa emoción en el cerebro.
Así de fácil. Así de inmenso, complejo, y maravilloso es nuestro cuerpo.
En palabras de Thích Nhất Hạnh:

«A veces tu alegría es la fuente de tu sonrisa, pero a veces tu sonrisa es la fuente de tu alegría».

### 134.ª cita contigo

# *Si quieres que algo funcione, enfócate en ello*

★

Tienes un poder que quizá desconoces.
El poder de hacer grande lo que quieres
y de hacer pequeño lo que no quieres.
El secreto: tu atención.
Cuando eliges dónde pones tu atención, le estás dando tu
tiempo, tu energía, tu ser y lo haces grande.
Cuanto más te enfocas en lo que quieres,
menos importa lo que no quieres.

Si quieres que algo funcione, enfócate en ello.
Pon ahí tu atención
y pondrás tu fuerza.

**135.ª cita contigo**

# Cuida tu interior

★

Medita.
Respira.
Escúchate.
Siente.
Piensa en positivo.
Cuídate.
Todo lo que vas a crear fuera comienza por lo que creas dentro de ti.
Si quieres paz, equilibrio, armonía, respeto, comienza por crearlo dentro de ti.
Al final, lo que vive fuera de ti es una proyección de lo que vive en ti.
Medita.
En palabras de Thích Nhất Hạnh:

«Con la meditación, sabes cómo cuidar de las cosas que ocurren en tu interior y sabes cómo cuidar de las cosas que ocurren a tu alrededor».

## 136.ª cita contigo

# *Crea tu propio camino*
★

Todo lo que necesitas para conseguir lo que quieres
está en tu mente.
Una vez que sabes lo que quieres, se trata de crear el
camino para conseguirlo.
Ese camino es sólo tuyo, a tu forma, con tus motivaciones,
con tu energía, con tus emociones.
Saber lo que quieres.
Tener la determinación para conseguirlo.
Tener constancia y sentir compromiso contigo mismo
y con lo que quieres.
Hacer, hacer, hacer.
Porque la vida está entre lo que quieres
y lo que haces;
entre lo que es, y lo que piensas que es;
entre lo que piensas y lo que vives.

Cree en una meta y crearás un camino.

## 137.ª cita contigo

# *Tu vida es ahora*

★

Enamórate cada segundo de tu vida.
Aléjate de los *después*, no caigas en los *cuando lo consiga seré feliz*, huye del daño que hacen los *algún día*.
Algún día es demasiado tiempo.
Tu vida es ahora.
Agradece lo que estás viviendo en este momento, lo que estás sintiendo, lo que tienes la oportunidad de aprender, de recibir, de regalar.
Haz que todo cuente, que la vida vibre en ti; vive, alimenta tu luz, y así darás luz a otros.
Como decía Buda:
«El problema es que piensas que tienes tiempo».

No dejes para mañana
lo que puedes vivir hoy.

## 138.ª cita contigo

# *Estás en esta vida para aprender*
★

No tengas miedo a equivocarte.
¿Y si estás en esta vida para aprender?
No tengas miedo a darte cuenta un día de que no estabas en el camino correcto.
No pasa nada, si aún no has aprendido a ser como te gustaría, si no has dado ese paso que el mundo espera de ti, si aún no te pareces a lo que quieres llegar a ser.
Nada importa si aprendes a mirarte con los ojos de un niño cuando comienza un nuevo camino.
Estás a tiempo de cambiar de rumbo, de aprender eso que siempre has querido, de acercarte a la imagen de lo que quieres ser.

Siempre es el momento de intentarlo.

**139.ª cita contigo**

# Quiere de verdad lo que quieres

⭐

¿Has pensado alguna vez por qué no consigues lo que quieres?
Quizá sea por alguna de estas razones.
Porque no sabes lo que quieres.
Porque no crees suficientemente en lo que quieres.
Porque en el fondo piensas que lo que quieres no es para ti.
Porque lo quieres, pero no sabes cómo conseguirlo.
Entonces piensa e identifica qué se interpone entre lo que quieres y tú.
Y cree en eso que quieres con todas tus fuerzas.
En palabras de Kierkegaard:

«No seas el destructor de tus sueños porque no crees suficientemente en ellos».

## 140.ª cita contigo

# *La autenticidad es tu poder*
★

Aún no somos conscientes de lo importante que es ser consciente.
De todo: de lo que sí, de lo que no, de lo que a veces.
Tienes que ser consciente de que eres único.
No hay nadie como tú.
Es hora de brillar, de dejar de esconderte, de mostrarte como eres,
con todo eso que te hace diferente a los demás.
Cuando no te muestras como eres, generas percepción de incoherencia en los demás.
La incoherencia genera desconfianza, y la desconfianza lleva a la ruptura.

Sé tú, mírate con ojos de libertad,
sin juicios, y muéstrale al mundo lo que te hace ser auténtico.

### 141.ª cita contigo

## Relativiza para ser feliz
★

¿Y si las cosas fueran más fáciles?
Hay veces en las que todo parece un mundo, te enfocas en un problema y cuanto más atención le prestas, más grande se hace, hasta el punto de que ese problema tiene incluso la capacidad de hacer que el resto del mundo pase a un segundo plano.
Quizá puedes probar esta estrategia: cuando te sientas agobiado, estresado o todo parezca urgente, pregúntate ¿qué importancia tendrá esto dentro de cinco años?
Quizá ninguna.
Quizá ni siquiera sea importante el mes que viene.
Por tanto, la decisión y la presión pesarán menos, y te sentirás más libre para decidir y para hacer.

El mundo es más que eso que no te deja dormir.

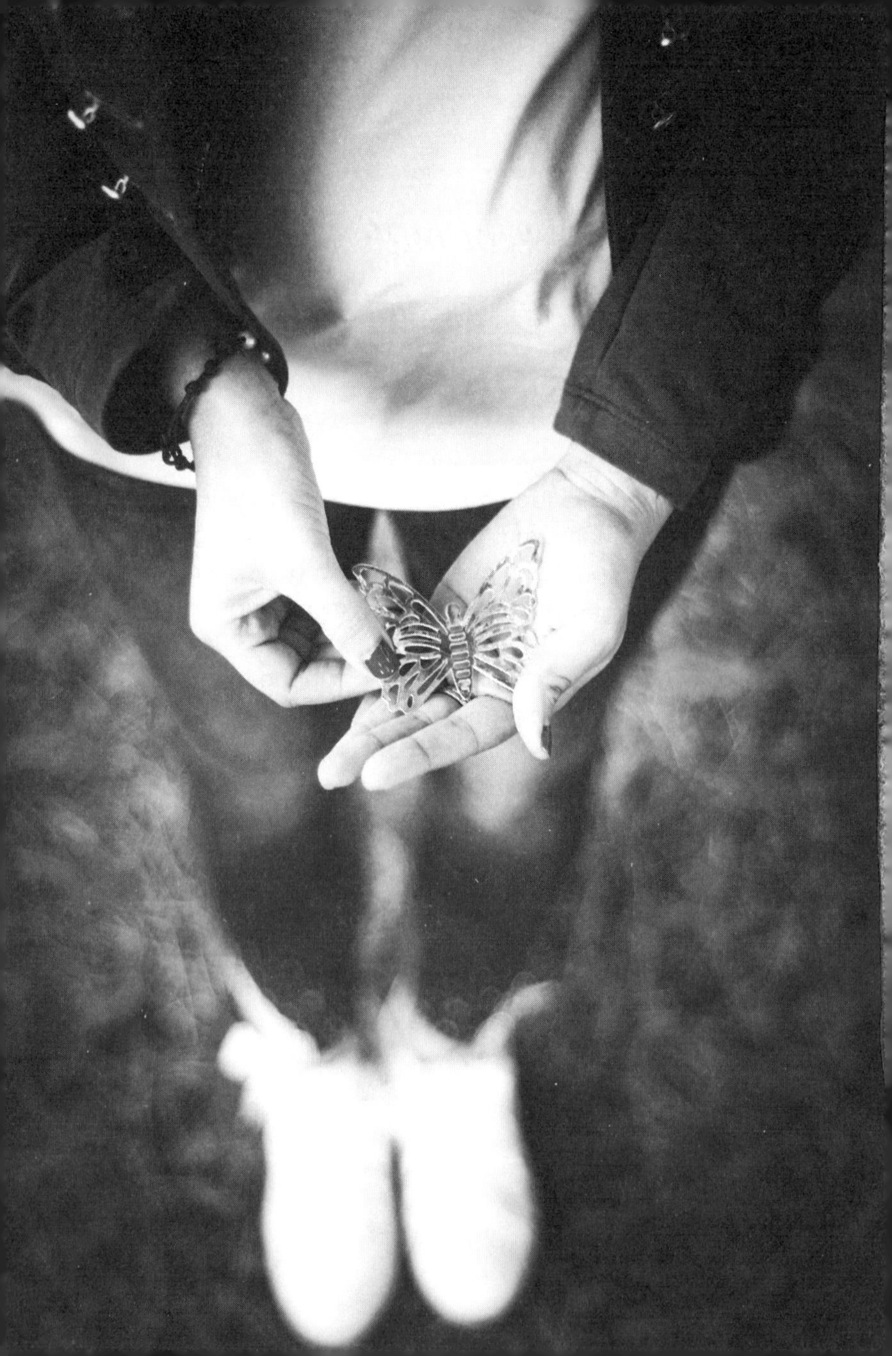

**142.ª cita contigo**

# Vuelve
# a tu esencia
★

Volver a la esencia es una forma de desnudarse del ego.
Desnudarte del *parecer*, del *aparentar* y del *querer ser*,
para simplemente ser.
Es volver a lo que eres y dejar a un lado las máscaras con las que te has disfrazado durante toda tu vida como mecanismo de adaptación, de supervivencia o de protección.
Tú eres más de lo que has creído que eres; eres más que la imagen que tienes de ti, de tus juicios o creencias sobre ti.
Eres ilimitado; te has limitado al construir tu identidad.
Volver a tu esencia implica cambiar.
Cambiar significa transformar.

Cambiar es volver a tu esencia para liberarte de todo lo que no eras tú.

## 143.ª cita contigo

# *Confía en ti*
★

Quizá nadie te lo ha dicho,
pero eres más de lo que crees.
Eres más de lo que ves en ti.
Tienes más capacidades de las que te empeñas en creer que tienes.
Te haces daño con tu percepción limitada, con tus inseguridades, con tu tendencia a ver lo peor de ti, lo que no tienes, lo que aún no sabes.
Eres mucho más que eso. Eres lo que te permitas ser.
Ábrete a ti, aprende a mirarte con amor, a creer en ti y en tu potencial, en todo lo que ya has conseguido hasta llegar aquí, y en lo que te queda por conseguir.
Confía en ti.
En palabras de Waitley:

«No es lo que eres lo que te detiene,
sino lo que piensas que no eres».

**144.ª cita contigo**

# *No huyas de tu vida; transfórmala*

★

Si estás *aquí* pensando *allí*,
quizá tienes que cambiar algo.
Posponer tu vida a los fines de semana; reducir tu vida a las vacaciones, poner el piloto automático de lunes a viernes para sobrevivir...
son indicadores de que necesitas tomar una decisión.
Tienes la posibilidad de crear una vida en la que puedas vivir cada segundo, disfrutar cada día y no esperar a huir de tu vida para poder hacerlo.
Sólo será posible si así lo decides.
En palabras de Seth Godin:

«En vez de preguntarte ¿cuándo serán mis próximas vacaciones?, mejor construye una vida de la que no necesites escapar».

## 145.ª cita contigo

# Hay que morir para renacer
★

No tengas miedo al cambio.
Siempre que existe un cambio, muere algo para dar lugar a otra cosa que tu vida necesita en ese momento.
Cuando sientas que algo está muriendo en ti, abraza ese vacío que va dejando, porque dará lugar a algo que irá llenando tu vida.
Recuerda que es necesario que muera lo viejo para que pueda nacer lo nuevo.
En palabras de Anatole France:

«Todos los cambios, aun los más ansiados, llevan consigo cierta melancolía; porque aquello que dejamos es una parte de nosotros mismos: debemos morir una vida para entrar en otra».

### 146.ª cita contigo

## Escucha tu corazón

★

Escucha tu corazón.
Siempre tiene la respuesta.
Disfruta las preciosas palabras de Pir Zia Inayat-Khan, maestro espiritual sufí.

«Como seres humanos, tenemos varias herramientas
para la percepción.
La mente es una de ellas,
y los sentidos de nuestro cuerpo físico son otras.
Pero tenemos una herramienta aún más profunda
de percepción, que es lo que llamamos corazón.
Mientras la mente recoge información,
el corazón acumula sabiduría.
El corazón es el que descubre la sabiduría
dentro del conocimiento.
Es bastante común asociar conocimiento
sólo con información, con datos, con hechos.

Pero el corazón no se ocupa de los hechos;
el corazón se ocupa del significado profundo
de la existencia.»

## 147.ª cita contigo

# *Estás orgulloso de ti*
★

«Estoy orgulloso de ti.»
Quizá sea la frase que más tiempo has esperado que te digan tus padres, tu jefe, tu pareja, o alguien a quien quieres mucho.
Quizá has vivido casi toda tu vida intentando cumplir las expectativas que los demás han tenido de ti: lo que tus padres esperan de ti, lo que tu jefe espera que hagas, donde tu pareja espera que llegues.
Quizá nunca te la han dicho.
Mírate al espejo y pronuncia estas palabras para ti.
«Estoy orgulloso de mí.»
No tienes que conseguir nada extraordinario para ser maravilloso.

Regálatelas. Te las mereces.

**148.ª cita contigo**

# Estás haciéndolo lo mejor que puedes

★

Quizá no estás siendo justa/o contigo.
Quizá siempre te pides más, y más,
y nunca (er)es suficiente para ti.
Quizá la vida no te está pidiendo tanto,
pero tú crees que sí,
y claro, nunca llegas del todo.
Quizá equivocarse nunca es un error,
es sólo un paso más en el camino
de crecer y superarse.
Tranquila/o.
Lo estás haciendo lo mejor que sabes hacerlo.
Estás dando lo mejor de ti.
Deja de exigirte tanto,

y

hazte la vida bonita.

**149.ª cita contigo**

# Pararse no es retroceder
★

Dicen que pararse es retroceder.
¿Y si pararte te ayuda a tomar consciencia, a pensar y reflexionar, a reenfocarte o a redirigir tu camino?
En ese caso, pararse es avanzar.
Te puede ayudar a enfocarte en lo que de verdad quieres, a analizar lo que has andado, a cuestionar las metas elegidas, y a enfocarte en tu nueva meta, donde quieres llegar.
Pararte te ayuda a avanzar.
Pararte te ayuda a descansar.
Pararte te ayuda a tomar impulso.
Pararte te ayuda a avanzar.

Pararte te ayuda a aprender a mirar.

150.ª cita contigo

Mantra:

## Soy digno de amor, respeto y paz

★

**151.ª cita contigo**

# *Ábrete a ti*
★

Muchas personas de éxito viven con la sensación
de no merecer el éxito que tienen.
Puede que tú, en algún momento, hayas sentido que
no mereces algo bueno que te ha pasado.
Merecer... esa palabra tan sencilla y tan complicada
a la vez.
Cuando sientes que mereces algo que estás recibiendo,
te abres a ello, se retroalimenta y crece.
Al contrario, cuando crees que no lo mereces, tú mismo
lo estás rechazando.
Te estás cerrando a lo que llega; lo alejas de ti.

Aprende a sentir que mereces todo lo bueno
que la vida tiene para ti.

**152.ª cita contigo**

# Nunca es tarde y siempre es el momento

★

Nunca es tarde.
Siempre estás a tiempo de reconducir tu vida, de volver a empezar un proyecto, de cambiar de dirección.
Siempre es el momento de replantearte una decisión, de mejorar un área de tu vida, de aprender a conectar contigo y con los demás.
Siempre es el momento de creer en tu sueños,
de construir tu felicidad,
de superarte, de cambiar.

No lo dejes para mañana;
el momento es ahora.

## 153.ª cita contigo

# Cáete
★

No tengas miedo a caerte.
Si te caes, es que estabas caminando,
es que lo estabas intentando,
es que apostaste todo lo que eres para conseguirlo.
Caerse siempre es mejor que no intentarlo nunca.
Es necesario caerse para aprender a levantarse
con fuerza, con determinación, con la cabeza llena
de sueños y de cosas por conseguir.
Perderse para encontrarse.
Caerse para levantarse.
Cuando te levantes, recuerda poner la mirada en el
horizonte y caminar, siempre adelante.

Así, cuando te pierdas, podrás retomar el camino sobre tus propias huellas.

**154.ª cita contigo**

# Disfruta del camino

★

Buscando eso que llaman éxito, o buscando llegar a la meta, se nos olvida disfrutar.
No busques el éxito.
Si abres los ojos y miras alrededor, parece que todos necesitan llegar a él.
Céntrate en ti. Cierra los ojos. Siente.
Lucha por lo que amas, y el éxito llegará solo.
Disfruta del camino.
No pierdas de vista tu eje, tu sueño, tu *para qué*, y eso será lo que te ayude a superar obstáculos, a seguir creyendo, a seguir creciendo, a levantarte cuando te caigas sin dejar de mirar el sol.

Disfruta del camino, y el resto llegará solo.

**155.ª cita contigo**

# No tengas miedo a tener miedo

★

No tengas miedo a tener miedo.
Si tienes miedo, no pasa nada.
El miedo también forma parte de ti,
y conquistarlo te hace más valiente.
Cuando aparezca, te hará sentirte pequeño, te hará esconderte de ti mismo.
Aparecerá muchas veces en forma de excusa.
No esperes a que se vaya; abrázalo.
Cuando sientas miedo, sólo hazlo, y te volverás valiente.

Así nunca tendrás límites
y tu corazón podrá más que tu miedo.

**156.ª cita contigo**

# Si no sabes la respuesta, no pasa nada

★

¿Qué vas a hacer con tu vida?
¿Dónde quieres llegar?
¿Cuáles son tus metas?
Tantas preguntas que nos inundan día a día...
a veces llegan de nosotros mismos, y a veces de los demás.
Parece algo negativo no saber contestar(nos).
¿Cómo es posible vivir sin saber qué quieres hacer,
hacia dónde vas o qué quieres conseguir?
Si no sabes la respuesta, no pasa nada.
Hacerte una pregunta es como sembrar una semilla.
La respuesta no tiene que salir de golpe; quizá necesita un tiempo de maduración para poder salir a la luz.
En palabras de Eckhart Tolle:

«Aceptar con tranquilidad el hecho de no saber es crucial para que lleguen las respuestas».

**157.ª cita contigo**

## No eres lo que piensas, eres lo que haces
★

Tu realidad comienza con tu pensamiento.
Lo que piensas crea tu realidad, pero para hacerlo posible,
necesita alimentarse de otro elemento clave: la acción.
Todo lo que se quede en un pensamiento pero no se
transforme en acción sólo es una intención.
Tu vida será el resultado de lo que piensas y haces.
Si sólo piensas, pero no haces, tendrás una vida reflexiva
interesante,
pero sin resultados, porque no hay acción.
Por eso tu vida no se crea con intenciones, sólo con hechos.

Pensamiento y acción son dos elementos que se necesitan mutuamente para producir los resultados que quieres.

**158.ª cita contigo**

# Abraza la sincronicidad
★

La *sincronicidad* es eso que pasa
que no sabes por qué pasa.
Pides una señal y recibes el mensaje que necesitabas.
Comienzas un nuevo proyecto y te cruzas con alguien que te puede ayudar.
Cambian los planes, y donde acabas es donde tenías que estar, porque aparece la persona que necesitabas en ese momento.
Creada por Carl Jung, define aquellos momentos en los que parece que es coincidencia, pero algo en ti sabe que hay algo más allá de eso. Quizá un sentido o un propósito,
En palabras de Elisabeth Kubler-Ross:

«No hay errores ni coincidencias.
Todas las cosas que pasan son oportunidades
que nos son dadas para que aprendamos
de ellas».

## 159.ª cita contigo

# Haz lo que sientes
★

¿Cómo te sientes cuando haces lo que sientes?
¿Cómo te sientes cuando haces lo que no sientes?
Ahí está la respuesta.
Cuando haces lo que sientes te sientes libre, fiel a ti,
equilibrado, motivado, coherente.
Cuando haces algo contrario a lo que sientes,
es como si te fueras infiel a ti mismo;
te sientes frustrado, vacío, incoherente y desequilibrado.
Ahí está la respuesta:

confía en el corazón
y siempre volverás a ti.

**160.ª cita contigo**

# Avanza hacia atrás

★

En la vida se camina hacia delante,
pero también se avanza hacia atrás.
Deshacer lo que has hecho de ti mismo; quitarte lo que
te has puesto de más en lo que de verdad eres;
desconocerte para volver a conocerte.
Es un camino difícil, pero necesario para conectarte
de nuevo contigo, con tu ser, con tu esencia.
En palabras de Lao-Tse:

«No te apartes del centro de tu ser, porque cuanto más te alejes de él, menos aprendes.
Examina tu corazón.
El camino para hacer es ser».

## 161.ª cita contigo

# *Ama libre*

★

En sí misma, la palabra *amor* ya implica libertad
—pero esa parte se nos ha quedado por el camino—.
Confundimos amar con *ser de*, con *tener* o *poseer*.
Amar *con depender*.
Y no es lo mismo *ser con* otro, que *ser de* otro.
Tú no eres de nadie.
Tienes en ti la capacidad de amar libre.
De amarte libre.
De amar desde tu libertad, tu independencia,
la libertad del otro.
De amarte permitiéndote ser; de amar a otro
permitiéndole ser, y permitiéndote ser tú.
En palabras de Rumi:

«Debes amar de forma que la persona que amas se sienta libre».

**162.ª cita contigo**

## Tú tienes el poder
★

Es posible que viva en ti un poder interior infinito
y que aún no seas consciente de que exista.
Es posible que tengas capacidades, habilidades y un
potencial que aún no has desplegado, y que ni tú mismo
sabes que están en ti.
Al no verlos, al no ser consciente de todo lo que eres, no te
permites creer que puedes, creer que eres o sentir que todo
es posible para ti si te esfuerzas en conseguirlo.
Tienes el poder de creer en ti para alcanzar tus sueños, para
mantener el esfuerzo en el camino y para dar los pasos
necesarios para acercarte a tu meta.

Cuando no crees en ti mismo,
en realidad es porque no has aprendido a ver
todo el poder que tienes en tu interior.

## 163.ª cita contigo

# Que la vida te encuentre viviendo

★

La vida se va y no te enteras.
Vives como si escribieras el prólogo de tu vida.
De pronto, un día, cuando quieres comenzar a escribir el libro de tu vida, el libro termina.
Cuando acabe, que te encuentre viviendo, no esperando a vivir.
Recuerda que para vivir hay que querer vivir.
Que la vida es eso que pasa mientras esperas algo que ni tú mismo sabes lo que es.
Que pospones la vida mientras pasa la vida.
Quizá el secreto está en saber que cada día es único y que nunca volverás a vivir lo que estás viviendo hoy, aquí y ahora.

Vive tan bonito
que cuando te vayas sientas
que has vivido.

**164.ª cita contigo**

# Mirar atrás

★

Siempre camina hacia delante.
Pero en el camino, alguna vez, has sentido
la necesidad de pararte.
Y no pasa nada.
Y, al pararte, también el impulso de mirar atrás.
Y claro que hay que mirar atrás.
Porque en el camino que has recorrido te has caído mucho,
pero también has aprendido mucho, has crecido, superado
obstáculos, y has descubierto partes de ti que no sabías que
existían.
Has tenido la valentía de conseguir lo que creías imposible;
la fortaleza de superar lo que te quería derrumbar;
la constancia de permanecer en el camino a pesar
de la adversidad.

Todo eso eres tú.

## 165.ª cita contigo

# *Date permiso para decir no a lo que no quieres*

★

Permitirte ser tú es sano y liberador.
Vivir cumpliendo las expectativas de los demás
es justo lo contrario.
Cuando haces lo que no quieres o dices algo que no sientes
estás siendo esclavo de las expectativas de los demás.
En ese momento no eres libre, porque no te estás
permitiendo ser tú.
Con tus opiniones.
Con tus necesidades.
Con tus emociones.

Decir no a lo que no quieres
te acerca más a ti.

**166.ª cita contigo**

# La bondad comienza hacia ti mismo

★

La bondad es uno de los elementos clave de la compasión.
Compasión hacia uno mismo; bondad hacia uno mismo.
Nos enseñan a ser muy educados y bondadosos
con los demás, pero no a serlo con nosotros mismos.
Hagamos una prueba:
¿qué te dices a ti mismo cuando las cosas no salen bien?,
¿cómo te tratas?
En la mayoría de las ocasiones, te maltratas cuando
te equivocas, cuando no llegas a lo esperado o cuando
no lo consigues.
Sé bondadoso contigo mismo.
Cambia la autocrítica por la bondad contigo mismo.
Deja de juzgarte y pregúntate

¿qué puedes hacer en este momento
para sentirte mejor?

**167.ª cita contigo**

# Mira alrededor; todo es un regalo
★

La vida es un regalo.
Aunque el regalo es aprender a mirar la vida
como un regalo.
Mira alrededor.
¿Cuánto tiempo hace que no miras así?
Es el daño de lo cotidiano, de la costumbre, que hace que lo extraordinario se esconda en lo que parece seguro, eterno, inalterable.
Pero nada lo es.
Ni la vida, ni lo que ves, ni lo que eres.
Valoras más la luz eléctrica que ilumina tus noches
el día que no está.
Valoras el agua con la que te bañas cada día
el día que no la tienes.
Disfrutas más del calor del sol después de la lluvia.
El reto está en aprender a valorarlo mientras está.

Si cada día saliera el arcoíris,
¿te pararías a mirarlo?

### 168.ª cita contigo

# Tu pasado no determina tu futuro

★

Lo que eres hoy
es el resultado de lo que hiciste ayer.
Pero eso fue ayer; lo que pasó ayer no determina lo que conseguirás mañana, ni qué serás.
Lo que pienses y hagas hoy sí determina lo que serás mañana.
Adónde te acercarás o qué conseguirás.
Por eso, asegúrate de que estás caminando en la dirección de tus sueños, de tus objetivos, de lo que quieres para ti.
Sé consciente de tus pensamientos, si te acercan o te alejan de la persona que quieres ser.
Tienes el poder de *crearte* en tus manos.

Tu pasado no determina tu futuro.
Lo que hagas o pienses hoy, sí.
Tienes en tus manos el poder de crearte.

## 169.ª cita contigo

# *No vayas en contra de la realidad; respóndele*

★

Cuando sufres,
es porque estás resistiéndote a lo que está pasando.
Cuando vas en contra de la realidad,
también vas en contra de ti mismo,
del curso natural de la vida.
Estás poniendo tu energía en el lugar equivocado;
en resistirte a cambiar, en no aceptar lo que es,
y eso te provoca sufrimiento.
No vayas en contra de la realidad; simplemente respóndele.
Pon todos tus recursos a tu disposición para afrontar con
éxito el cambio; confía en tu capacidad de adaptarte y
crear algo diferente que mejore
lo que ya no está;

confía en ti y en que lo que llega será
una nueva oportunidad de aprendizaje
para ti.

170.ª cita contigo

*Mantra:*

*Me permito ser quien soy.*

*Me permito mostrarme como soy.*

*Me permito vivir desde mi autenticidad*

★

## 171.ª cita contigo

# *Vive tu diferencia*
★

Deja de esforzarte por ser como los demás;
no lo eres.
Deja de intentar que te acepten;
comienza por aceptarte tú.
Deja de complacer a los demás olvidándote de ti.
Elige vivir desde tu diferencia.
Creer en tu autenticidad y vivirte desde ahí.
Elige mostrarte al mundo como eres;
diferente, único, imperfecto, vulnerable y transparente.
No necesitas justificarte si no quieres lo mismo que los demás.
Si no te emociona lo mismo que a los demás.
Si no te motiva hacer lo que hacen los demás.
Eres único. Eres diferente.

Vivir tu diferencia
es aceptarte a ti.

**172.ª cita contigo**

# Resiliencia eres tú

★

Resiliencia es la capacidad que tienes de hacer frente
a las adversidades en tu vida.
Cómo transformas el dolor en fuerza para superarte
y salir fortalecido de las situaciones más difíciles.
Eres resiliencia;
construyes tu felicidad transformando la adversidad
en oportunidades de crecimiento,
y superas los retos creando el camino para seguir
aprendiendo.
A veces no sabes de dónde sacas las fuerzas,
pero te has demostrado muchas veces que puedes
superarlo,
que en el camino te haces más grande
y que cada vez te cuesta
menos levantarte cuando te caes.

Cada obstáculo te ha hecho más grande,
y cada caída más fuerte.

### 173.ª cita contigo

## Empezar de nuevo
★

Hoy es el día perfecto para empezar de nuevo.
En realidad, cada día es el día perfecto
para empezar de nuevo.
Olvidar los errores de ayer,
aprendiendo lo que te querían enseñar.
Volver a abrir los ojos con ilusiones nuevas.
Llenarte de energía para construir lo que quieres hoy.
Cambiar la mirada y ver oportunidades
donde ayer veías problemas.
Y empezar cada día de una forma nueva,
lleno de aprendizajes y vacío de miedos.
Hoy es un nuevo día.

Hoy es una nueva oportunidad
para ser feliz siempre.

**174.ª cita contigo**

# Algún día es hoy

★

Hoy es ese algún día que pensaste ayer.
Vives creyendo que vas a salir vivo de ésta, y no.
Y vives pensando que *«algún día»*, y no.
Porque quizá algún día es demasiado tiempo.
Haz hoy lo que te haga feliz.
Volver donde quieres estar.
Viajar.
Descubrir.
Besar.
Saltar.
Reír mucho.
Disfrutarte.
Disfrutarle.
Sentir.
Vivir.

Algún día es hoy.

## 175.ª cita contigo

# Perdónate
★

Hoy es el día perfecto para pedirte perdón
por las veces que te has fallado a ti mismo.
Elige aceptarte como eres, abraza tu imperfección,
perdónate y déjalo ir.
Suelta.
No eres suficientemente fuerte como para aguantar todo.
No eres suficientemente grande como para quedarte con todo.
Haz espacio dentro de ti dejando ir lo que te hace daño y abriéndote a lo bueno.
Cuando eres capaz de perdonarte, sanas.
Hay algo en ti que se queda en orden, se transforma y cambia todo; tu forma de relacionarte contigo y con lo demás; tu forma de mirarte, de juzgarte y de entenderte.

Perdonarte a ti mismo es una forma de sanar y sentirte libre.

**176.ª cita contigo**

# Tu imperfección es perfecta
★

Déjame decirte que tu imperfección es simplemente perfecta.
Todo aquello que no te gusta de ti, a lo que llamas «imperfecto», es tu esencia. Hay partes de ti que quieres mejorar; eso es maravilloso, porque avanzas, creces, aprendes y te desarrollas.
Pero no lo rechaces, porque si rechazas esas partes de ti, a las que llamas imperfectas, te estás rechazando a ti mismo.
Y rechazarte es negarte, es esconderte de ti mismo, es dañarte.
Si lo llamas imperfecto es porque estás continuamente comparando con lo que se supone que *debe ser*.
¿Te has preguntado por qué *debe ser* de esa manera?
¿Quién lo dice?
Son tus creencias, tus ideales, tus modelos de perfección los que te hacen daño.

Eres imperfecto porque eres humano.
Abraza tu imperfección.

**177.ª cita contigo**

# Abraza la incomodidad
★

Tendemos a rechazar lo incómodo.
De hecho, cuando estás incómodo, el impulso es moverte, cambiarte de sitio, cambiar de posición.
Pero ¿imaginas que la incomodidad tiene algo que decirte?
La incomodidad nos mueve a crecer, a sacar una nueva carta en el juego; a dar un paso más allá de lo que podíamos hacer.
Todo aquello que no te gusta, que te incomoda, que te alerta, es la vida dejándose ver, enseñándote que estás vivo, empujándote a vivir, poniéndote cerca el reloj del tiempo, la hora de hacer lo que quieres hacer, de vivir hoy.
Es un mensaje del tiempo recordándote que

no dejes para mañana
lo que tienes que vivir hoy.

**178.ª cita contigo**

# Aléjate del ruido

★

No siempre lo que te dicen tiene más valor
que lo que te dices tú.
Parece que tienes que estar siempre abierto a los consejos
de los demás, pero no es así, ni siempre, ni a todo el mundo.
Cuando alguien te dice que no puedes conseguir algo,
está hablando más de sí mismo que de ti.
¿Quién va a saber lo que eres capaz de conseguir
mejor que tú mismo?
En tu vida estarás rodeado de mensajes importantes,
y también de ruido. Mucho ruido.
Es necesario aprender a diferenciarlos, y saber cuándo
escuchar y cuándo no.
En palabras de Steve Jobs:
«Aléjate del ruido.

No dejes que el ruido de las opiniones de otros apague tu propia voz interior».

**179.ª cita contigo**

# Acaricia tus cicatrices
★

No rechaces nada de ti, de tu vida,
de tu historia, de tu pasado, de tu presente.
No te sientas avergonzado de esas cicatrices que llevas
contigo; las que se ven y las que no se ven.
Te han hecho ser quien eres y estar donde estás hoy.
Eres lo que eres gracias a lo que has vivido.
Gracias a tus años, a tus daños, a tus experiencias,
a todo lo que te ha permitido ser.
A todo lo que te causó heridas:
también gracias, porque ha hecho de ti lo que eres hoy.

Acaricia tus cicatrices porque son el reflejo
de todo lo que has superado
y serán la fuerza para recordar
todo lo que eres capaz de superar.

**180.ª cita contigo**

# Mírate como si te mirara quien más te quiere

★

A veces pasa.
Te pierdes y parece que todo se pierde contigo.
O que no lo encuentras, porque no logras encontrarte.
Hasta que llega alguien, y a veces sin saberlo,
te recuerda que estás ahí, que siempre has estado,
aunque no has sabido mirarte como mereces.
Con tu grandeza. Con tu inmensidad.
Mirarte desde el amor, con amor,
desde la admiración, con admiración.
Prueba hoy a mirarte con los ojos de quien más te quiere,
—ojalá esa persona seas siempre tú—.
Si cambias la forma de mirarte, todo cambia.
Tú cambias.
Mírate.

Eres más grande de lo que crees.

## 181.ª cita contigo

# *Elige un objetivo y cree en él*
★

Ha llegado el momento de elegir un objetivo para ti mismo.
Eso que siempre has querido ser, eso que siempre has querido hacer, eso que quieres conseguir pero nunca encuentras el momento perfecto.
El momento perfecto siempre es ahora.
Elígelo.
Defínelo bien, breve, conciso, claro.
Que sea medible, para saber cuándo lo has conseguido.
Que sea motivador y retador para ti.
Que sea posible y real de conseguir en el tiempo que determines.
Y comprométete con él, que será como comprometerte contigo mismo.
Enamórate de él y de lo que sentirás cuando lo consigas, y cree en él con todas tus fuerzas.

Cree en ese objetivo, visualízalo,
y comienza a dar los pasos para conseguirlo.

**182.ª cita contigo**

# No te exijas tanto y quiérete mejor
★

No sé si te has dado cuenta de cuánto daño te ha hecho en tu vida el exceso de autoexigencia.
Esperar de ti mismo un resultado te anima a crecer y te hace sentir grande, pero el exceso de autoexigencia te hace sentir pequeño.
Esa idea de *no llegar* nunca a lo que esperas de ti mismo te hace sentir mediocre o falto de talento, cuando en realidad eres bueno y tienes talento.
Mucho más de lo que crees.
No te exijas tanto, porque no necesitas ser perfecto.

Sólo necesitas confiar en lo que haces, sentir pasión por lo que haces y sentir amor por lo que eres.

## 183.ª cita contigo

# Ahora.
# El mejor momento posible
★

Disfruta este momento.
Nunca más serás así de joven, o de mayor.
Nunca más sentirás lo que estás sintiendo ahora:
ni estos miedos, ni estas ilusiones, ni estos sueños.
Lo que ahora ves cambiará cuando dejes de mirarlo;
quizá antes.
Lo que escuchas ya está pasando;
lo que sientes ya está cambiando.
Todo cambia a medida que lo vives.
Simplemente
porque nunca más serás quien eres en este momento.
Cada segundo que vives ya no es tuyo.
Lo que aún no has vivido, tampoco.
Así que vive el momento,

porque lo único que tienes realmente
es el aquí y ahora.

**184.ª cita contigo**

## *Los mayores aciertos de tu vida llegan tras los mayores errores de tu vida*

★

Quien no comete errores, no vive.
Está haciendo otra cosa parecida a vivir, pero no es vivir.
Vivir implica arriesgarse, decidir, equivocarse,
caerse, levantarse, aprender.
Quien no se equivoca, no hace nada de eso.
Cada error trae consigo un aprendizaje para ti,
que te hace más grande, más sabio y más preparado
para lo que viene después.
Cada error es el comienzo de un acierto, porque te
equivocarás más veces, pero todas diferentes.
Cada error que te permite equivocarte diferente
ya es un aprendizaje.

… Descubrió que su mayor error fue su mayor
acierto, y desde entonces se enamora
de sus errores.

**185.ª cita contigo**

# ¿Por dónde empezar? Siempre por ti mismo

★

Cuando no sepas por dónde empezar,
empieza por ti mismo.
Eso no significa que se quede en ti;
empezar por ti mismo tiene su expansión en el mundo,
vuelve a ti transformado. Y te transforma.
Cuando ames, empieza por ti.
Amarte a ti para amar bien a los demás.
Hay cosas que no puedes cambiar:
No puedes cambiar tu experiencia externa (lo que ocurre),
sólo tu experiencia interna (cómo vives lo que ocurre).
No puedes cambiar el mundo, sólo a ti mismo.
Lo que haces, lo que eres, lo que consigas en ti
es un grano de arena en una montaña infinita.

Pero esa montaña está hecha de muchas personas que eligen cambiarse a sí mismas, y desde ahí cambian el mundo.

**186.ª cita contigo**

## Ríete contigo

★

Ríete de ti, ríete contigo, pero ríete.
Relativiza. Aplica humor a lo que te pasa, a lo que eres,
a tus fallas, al camino que te queda por recorrer
para conseguirlo.
Ríete de la vida cuando tienes suerte, y cuando no la tienes.
Cuando te sale lo que tanto has intentado,
cada vez que te caigas.
Ríete cuando mires atrás, de todo lo que has conseguido
sin ni siquiera darte cuenta. ¡Quién te lo iba a decir!
Parecía imposible.
Ríete de lo afortunado que eres de estar aquí,
ahora, aún, todavía.
Ríete con las personas que quieres.
Con tu pareja.
Con tus compañeros.
Con tus amigos.
Reírte te ayuda a relativizar, a simplificar, a sentir más
felicidad, a acercarte a los demás, a solucionar
los problemas, a tener más energía, a disfrutar más
de la vida.

Reírte te ayuda a ser feliz.

### 187.ª cita contigo

# *Ama bien*
# *y ámate mejor*
★

El secreto del buen amor está en amarse a uno primero,
para amar a los demás después.
En amar para encontrarse, y no para perderse.
En amar para crecer, y no para limitar.
En amar para creer, y no para olvidar.
En amar para crear, y no para destruir.
En ser un mejor Tú, con otro, y no para ser otro.
En aceptar la temporalidad de las cosas,
de la vida,
y también
del amor.
(libro *Palabras para encontrarte*).
Nos cuesta dar, nos cuesta aprender a recibir
y nos cuesta dejar.
En definitiva, no vivimos bien el amor, ni cuando está,
ni cuando se va.

Amarse a uno mismo primero no es la mejor forma de amar mejor; es la única.

**188.ª cita contigo**

# *Sé imperfectamente feliz*

★

Tantas veces deseamos ser felices que parece que si no lo eres del todo, has fracasado.
Y es precisamente tu idea de «felicidad» la que te pone el listón tan alto que es difícilmente alcanzable, ni siempre, ni todo el tiempo.
De hecho, no tienes que ser perfecto para llevar una vida feliz.
Tal Ben-Shahar (profesor de la Universidad de Harvard) describe estas claves
para crear una vida feliz:

- ★ perdona tus fracasos,
- ★ agradece lo que tienes,
- ★ haz deporte,
- ★ simplifica,
- ★ aprende a meditar,
- ★ practica la resiliencia.

Puedes ser feliz teniendo una vida imperfecta.

**189.ª cita contigo**

# Tu actitud es la llave de tu aptitud

★

Eres capaz de aprender algo en la medida en la que estás
motivado para ello, crees en ello y en ti, y estás predispuesto
a conseguirlo.
Ésa es la realidad de tu actitud:
te abre puertas, pero también te las cierra.
Por eso tu actitud es una llave en tu camino al desarrollo.
Si afrontas con actitud positiva un nuevo aprendizaje,
el comienzo de un curso, el uso del nuevo software
en la empresa, un cambio de departamento,
tus recursos para invertir en el aprendizaje aumentan,
y las posibilidades de obtener un mejor resultado también.
Si comienzas algo con actitud negativa, de entrada ya estás
menos predispuesto a conseguirlo, inviertes menos recursos
y estás más cerrado a lo que puedes ganar.

Elige bien tu actitud
porque es la llave que abre la forma
en la que vives tu vida.

**190.ª cita contigo**

Mantra:

## Confío en mí.
## Creo en mí.
## Sé que puedo

★

## 191.ª cita contigo

# Conócete a ti mismo

★

La verdadera revolución comienza en tu interior.
Asomarse a la realidad que es uno mismo es un deporte de riesgo, sólo apto para valientes.
Decía Osho que para lo que se necesita más valor es para mirar dentro de uno mismo.
Y es que mirar dentro de ti mismo es un reto; puede que lo que encuentres te guste, o todo lo contrario.
¿Y entonces qué?
Entonces ésa es la razón por la que muchos prefieren vivirse de lejos, desconociéndose, por miedo a descubrir algo que no les guste.
Conócete a ti mismo mirándote a ti,
y mirando lo que los demás son cuando están contigo.
En palabras de Neale Donald Walsch:

«La manera más rápida de conocerte
a ti mismo siendo algo, es siendo ese algo
para los demás».

**192.ª cita contigo**

# La vida fluye.
# Fluye con la vida

★

La vida tiene su camino.
Su ritmo. Sus tiempos.
Forzar no va a acelerar lo que necesita su tiempo para llegar,
de la misma manera que madrugar no puede hacer que
amanezca antes.
La vida fluye a su ritmo, con su propio orden,
proporcionándote las experiencias que necesitas para que
aprendas lo que tienes que aprender.
Quizá lo que quieres aún no ha llegado; tarda más de lo que
puedes esperar.
Quizá es porque aún no has aprendido todo lo que necesitas
para vivir esa experiencia.
La vida fluye a su ritmo.
Fluye con ella.
Fluir con la vida implica aceptarla con su orden
y construir desde la aceptación.

No te resistas a la marea;
aprende a surfear las olas.

**193.ª cita contigo**

# Eres lo que ves
★

Lo que te rodea en este instante puede determinar
quién serás mañana.
Lo que te ha rodeado toda tu vida ha determinado
quién eres tú hoy.
Aprendes a verte de la forma en la que te ven;
aprendes a valorarte de la misma forma que te valoran.
Lo que escuchas y vives a lo largo de tu vida hace
de ti lo que eres hoy.
El mundo que ves es producto de lo que eres tú.
La realidad como tal no existe; ves el mundo a través de tus
creencias, pero siempre puedes cambiarlas.
Cuestiónalas.
¿Y si lo que ves no es como lo estás viendo?
¿Y si hay otra forma de interpretar lo que está pasando?
¿Y si las cosas pueden verse diferentes desde otro ángulo?

Cuestionar(te) es avanzar.

**194.ª cita contigo**

# Mira cómo eres tú cuando dejas de juzgarte

★

Eres más de lo que ves en ti.
Eres más bello/a de lo que eres capaz de mirarte.
Eres más grande de lo que te empeñas en creer.
Eres más capaz de lo que puedes verte.
Eres más de lo que ves en ti,
si dejas de juzgarte.
Mírate a ti mismo despojándote de tus juicios,
tu opinión limitada a tus defectos,
tu visión parcial, a las limitaciones.
Y mírate como eres cuando dejas de juzgarte.
Lleno. Pleno. Infinito. Perfecto.

Y permítete vivir la magia de ser tú.

## 195.ª cita contigo

*Keep it simple.*
*~~Hazlo sencillo.~~*
*Hazlo*

★

Es posible que en ocasiones nos compliquemos
más de lo necesario.
La clave está en hacerlo simple, más sencillo, enfocándote
en lo esencial y dejando ir lo menos importante.
Puede ser complicado hacerlo sencillo.
Tus peores resultados probablemente los has conseguido
cuando has tenido que afrontar muchas cosas a la vez.
Es un problema de foco.
La clave: hazlo sencillo.
Enfócate en lo verdaderamente importante.
Prioriza, elimina lo que no sea importante para ti.
Haz una cosa cada vez.
Haz lo que te conecte con tu propósito.

Hazlo sencillo y pregúntate cada día
si lo que estás haciendo te acerca donde
quieres estar.

**196.ª cita contigo**

# Cuando te sientas vacío, salta

★

Un día despiertas y tu vida no es como quieres;
no es como la tenías planeada; no es como la habías imaginado.
Una parte de ti cree que hay algo más.
No puede ser sólo esto, sólo así...
Te sientes encadenado, quizá esclavizado,
atado o agobiado.
Quiero decirte que tienes la posibilidad de
saltar,
soltar,
romper,
volar.
Decía Osho:
«Cambia radicalmente. Deja de hacer las cosas que has estado haciendo siempre. Empieza a hacer cosas que no hayas hecho nunca y te sorprenderás».
Salta.

A veces hay que saltar para romper,
romper para cambiar, y cambiar para crecer.

## 197.ª cita contigo

# *Tus palabras crean tu mundo*
### ★

Quizá aún no eres consciente del poder que tienen tus palabras sobre ti.
Tus palabras crean tu mundo, construyen tu realidad, y también la destruyen.
Tienen el poder de mediar entre la realidad y tu experiencia interna; lo que te digas a ti mismo sobre lo que está pasando tiene más poder incluso que lo que está pasando.
Analizar las palabras que usas más en tu vida te ayudará a entender por qué sientes como sientes, por qué ves la vida como la ves o por qué vives de la forma que vives.
Decía J. Meyer: «Si no eres feliz en tu vida, podría ser una buena idea hacer un inventario de las palabras que dices».

Tus palabras crean tu mundo.
Cuida lo que (te) dices y cómo lo dices.

**198.ª cita contigo**

# Quizá buscas demasiado

★

Cuando no encuentras lo que buscas,
a veces es porque buscas en el lugar equivocado.
Quizá buscabas amor en el lugar equivocado.
Y estaba ahí, delante de ti, justo cuando te mirabas
al espejo.
Quizá has buscado la aceptación en los demás,
olvidando darte la mano cada vez que has superado
obstáculos.
Quizá has buscado otros ojos que te digan *tú puedes*,
cuando tú mismo no has sabido regalarte esa mirada
de confianza.
Quizá buscas demasiado.
Quizá esperas demasiado,
y la vida puede ser más fácil.

Quizá buscas demasiado.
Quizá sólo con ser tú
y con estar aquí
ya es demasiado.

## 199.ª cita contigo

# «Hoy me doy las gracias»
★

¿Por qué te darías las gracias a ti mismo?
Puedes hacerlo así:
gracias por permitirme cada día comenzar de nuevo, con ojos nuevos, abierto a todo lo que la vida tiene para mí; gracias por mi capacidad para aprender, para abrazar con fuerza lo nuevo, por abrirme a lo que llega a mi vida; gracias por ser capaz de aceptar lo que se va, de aprender de cada persona que pasa por mi vida, de ayudar a quien me lo pide; gracias por poder levantarme cuando me caigo, por aprender a superar todos los obstáculos y aprender de ellos.

Hoy me doy las gracias por seguir luchando aun cuando pensé que no podía.

## 200.ª cita contigo

# Permítete ser tú. Sólo eso. Todo eso

★

Ser tú ya es inmensamente maravilloso
para ser todo lo que necesitas.
Sólo tienes que permitirte ser, aceptarte como eres y brillar.
Todo el esfuerzo que pones en sentirte pequeño,
en esconder tus diferencias por miedo a ser diferente,
en intentar ser otro que no eres, es una energía perdida.
Te empequeñece, te hace perderte, te desconecta de ti.
Permítete ser tú.
Acepta que no hay nadie como tú.
Que eres inmenso y perfecto como eres, porque eres único.
Que eres diferente y no puedes parecerte a nadie,
y cada paso en esa dirección te acercará
a la inmensidad que eres.

Disfruta del regalo que es
SER TÚ.

A lo mejor, lo que necesitamos,
son unos ojos
que nos recuerden
lo alto que podemos volar.

*Chica*

**201.ª cita contigo**

# *Quiérete como te quiere quien más te quiere*

★

Cuando alguien a quien amas te dice
«si te vieras con mis ojos»,
es inevitable sentirte más de lo que eres.
En ese caso sólo te queda crecer,
desplegar las alas, volar.
Por ti y por la persona que te ve así.
Aprende a mirarte como te mira la persona
que más te quiere.
A creer en ti como la persona que más ve de
lo que eres capaz.
A amarte como la persona que más te ama.

Es la magia de
creer en alguien
y hacer que crea en sí mismo.

## 202.ª cita contigo

# *Duda de ti*
★

Pon en duda las certezas.
Cuestionarte es avanzar.
Cada vez que te cuestionas, das un paso atrás,
para dar dos pasos adelante, y con mejor rumbo.
Duda de ti.
Duda de todo.
Duda de lo que siempre has creído que era.
Duda de lo que todos te han dicho que es así.
Y busca tu camino.
Y cuando lo encuentres, cuestiónalo y búscalo otra vez;
es la mejor forma de seguir avanzando.

En palabras de Charles Chaplin:

«No debemos tener miedo de cuestionarnos;
de hecho, hasta los planetas chocan,
y del caos suelen nacer la mayoría
de las estrellas».

**203.ª cita contigo**

# Eres tan grande como todo lo que has superado
★

La vida te pone continuamente obstáculos, dificultades,
que te hacen demostrarte continuamente tu capacidad
para superarlos.
A veces crees que no eres capaz de avanzar,
pero siempre lo consigues.
Con cada obstáculo que superas, te miras diferente, te ves
diferente, porque te transforma.
No eres el mismo cuando entras en la tormenta,
que cuando sales de ella.
Cada dificultad que superas te hace más grande, más
fuerte, más capaz.

Eres tan grande como todo lo que has
superado y lo que te queda por superar.

## 204.ª cita contigo

# *Mientras tanto, quiérete*

★

Muévete.
Experimenta nuevos caminos.
Equivócate de muchas formas.
Cáete las veces que quieras.
Muéstrate al mundo como eres.
Aprende a levantarte más rápido.
Brilla desde tu esencia.
Aprende algo nuevo cada día.
Ama sin miedo.
Nada más importa si tienes lo que de verdad importa.

No importa lo que diga el mundo.
No importa que aún no lo hayas conseguido.
Mientras tú estés contigo,
todo es posible.

**205.ª cita contigo**

# *Las personas necesitan de ti*

★

Si lo piensas, es algo egoísta quedártelo todo para ti.
Quedarte lo que eres.
Lo que sabes, lo que conoces.
Lo que puedes aportar a los demás.
Quedarte tu punto de vista, con el que puedes enriquecer el de los demás.
Quedarte para ti tus talentos, tus capacidades, tus sueños, con los que puedes mejorar la vida de los demás.
Si lo piensas, cuando te quedas en ti, no ayudas al mundo.

Las personas necesitan de ti,
de tus emociones,
de tu brillo, de tu grandeza.
Y tú también.

## 206.ª cita contigo

# *Ama sin poseer*
★

¿Crees posible amar sin poseer?
Ese amor es un amor libre, en el que no existen
el *debo*, el *tengo que* o el *soy de*.
Es un amor que elige, pero no necesita,
aunque a veces elige necesitar.
Es un amor que te hace pertenecer sin posesión
y darte sin perderte.
Es un amor que te necesita libre, para amar la libertad del otro, sin olvidar que son dos eligiendo sentirse uno.
Hay quien ama para encontrarse y quien ama para perderse.
Ama sin poseer.
Ama para encontrarte en el otro, y con el otro.

Amar libre te hace más grande.

## 207.ª cita contigo

# Elige la posibilidad
★

Siempre hay una posibilidad.
El secreto está en saber dónde pones la mirada, qué parte de la vida eliges mirar; allí donde mires, estarás enfocando tu atención, y también tu energía.
Sólo harás posible aquello que aprendas a ver; siempre estás eligiendo.
Por eso, elige la posibilidad.
Elegir la posibilidad es elegir la oportunidad de hacer algo, de dar un paso, de enfocarte hacia una opción que te permita avanzar.
Elegir la posibilidad es aprender a ser optimista, eligiendo la oportunidad de hacer algo frente al desánimo del *no hay nada que hacer*.

Optimista es mirar hacia delante sabiendo que tienes en tus manos el poder de elegir qué mirar, qué sentir, qué vivir.

## 208.ª cita contigo

# *Hay algo que lo cura todo: se llama amor propio*

★

Amor propio no es hacer algo concreto,
es tener un sentimiento positivo hacia ti mismo
que te ayuda a vivir mejor, en sintonía contigo,
con tus valores, principios y necesidades.
Se confunde con orgullo; y es que el amor propio se reafirma
cuando te sientes atacado, para protegerte, cuidarte
y recordarte que está ahí. Que estás ahí.
Tu amor propio necesita de los ingredientes de autoestima,
dignidad, autocompasión y amor, mucho amor.

★ Desarrolla el amor por ti.
★ Sé consciente de ti.
★ Escúchate a ti mismo y a tus necesidades.
★ Ama tu cuerpo.
★ Aprende a perdonarte y dejar ir.
★ Rodéate de personas sanas y aléjate de personas tóxicas.
★ Aprende a decir sí a lo que quieres
y no a lo que no quieres.

Cuídate, ámate, aprende a vivir contigo;
eres la única persona que va a estar contigo
toda tu vida.

**209.ª cita contigo**

# El secreto de la felicidad está en aprender a mirar

★

Todo puede empezar a transformarse
si aprendes a mirar todo diferente.
El secreto de la felicidad está en cambiar la mirada
con la que descubres el mundo, con la que afrontas
el día a día.
Puedes aprender a construir tu propia felicidad aprendiendo
a pensar, a interpretar situaciones, emociones, a disfrutar de
las pequeñas cosas, a entusiasmarte, a crear.
Aprende a mirar *con otra mirada* lo que vives cada día:
escribe en un cuaderno tres cosas positivas que te hayan
ocurrido en este día; te ayudará a darte cuenta de que en
tu vida hay más de positivo de lo que crees.

Enfócate en lo positivo,
esfuérzate por ver la parte buena de cada
circunstancia y disfruta de las pequeñas cosas.

210.ª cita contigo

Mantra:

Me doy permiso para ser todo lo que puedo ser. Brillar y desplegar mis alas

★

## 211.ª cita contigo

# Eres
# a la medida de tus sueños

★

Todo lo que te permitas soñar, será tu margen de desarrollo.
¿Cuál es tu sueño?
¿Desde cuándo no tienes un sueño ambicioso, que te motive?
Vivimos una crisis de sueños.
Parece que nos da miedo soñar, por si no se cumple.
Quizá por si se cumple.
Sueña.
Tus sueños son la clave para crear tu camino, marcan el objetivo a conseguir y el camino que necesitas recorrer para conseguirlo.
Si no sueñas, tu vida se convierte en lo que ves; tus objetivos serán pequeños, y tu camino también.
Eres a la medida de tus sueños.

Permítete soñar
y vive para hacer tus sueños realidad.

## 212.ª cita contigo

# *Todo tiene su momento*

★

Tantas veces has intentado precipitar algo
que necesitabas conseguir; forzar las cosas para cubrir
un deseo o cambiar una situación porque querías obtener
algo diferente a lo que pasaba.
¿Y qué pasó?
Probablemente, que aprendiste que todo tiene su momento.
Que el ritmo de las cosas es el que es; que por mucho
que fuerces, lo que tiene que ser es cuando le toca;
que hay cosas que —muy a tu pesar— no puedes controlar.
Sin duda es una gran lección de vida.
Decía Osho que «lo que te está sucediendo es tuyo
y lo que no te suceda es porque aún no estás maduro
para ello».
Todo tiene su momento.

Acepta el ritmo de la vida y fluye con ella;
la vida fluirá contigo.

**213.ª cita contigo**

# En la vida ten una estrategia: sé tú

★

Pasamos gran parte de nuestra vida intentando ser quien no somos.
Puede que sea porque nos han dicho que no somos suficientemente buenos, que seríamos mejores cuando más nos pareciéramos a los demás, que tendríamos que cambiar como somos porque no era socialmente adecuado.
Y muchas cosas más.
Y ahora... ¿quién eres tú?
Te encuentras perdido.
Todos esos mensajes te han hecho daño.
Te han alejado de ti, de tu esencia, de lo que te hace diferente y único.
Hay una única estrategia para ser feliz:
vuelve a ti.

«Quien se supone que debes ser» te hace daño. Sólo se trata de SER.

## 214.ª cita contigo

# Vivir es más que respirar
★

Si miras alrededor, las personas no viven, respiran.
¿Y tú?
Vivir implica despertar a la vida,
y eso es un regalo en manos de unos pocos, aún.
Ir por la vida en piloto automático, sin ser consciente
de lo que estás haciendo, apenas sin recordar lo que hiciste
esta mañana, mucho menos lo que hiciste ayer;
que los días te parezcan iguales, que no recuerdes cuando
hiciste algo con pasión.
Despierta a la vida.
Aprovecha cada segundo, vive la vida a instantes,
disfruta cada momento, sé consciente del aquí y ahora,
y de que no hay más...
Nadie sabe qué habrá después de lo que estás
viviendo ahora.

«Fue entonces cuando me di cuenta de que no estaba viva, tan sólo respiraba.»

(Mónica Carrillo)

**215.ª cita contigo**

# *Estás en el lugar correcto, en el momento adecuado, haciendo lo correcto*

*(Louise Hay)*

⭐

No hay nada que te pueda causar más inquietud que estar
aquí pensando que deberías estar allí.
O lo que es lo mismo, sentir que no estás
en el lugar adecuado.
Eso, entre otras cosas, te genera ansiedad,
inquietud, incomodidad, y te aleja del *ahora*
(porque tienes la mente en otro sitio).
Es una de las formas en las que más nos hacemos daño
en el siglo XXI, restándonos presencia.
Cálmate.
Siente que estás donde tienes que estar y que estás ahí
por una razón.
Quizá estás aprendiendo algo.
Quizá estás enseñando algo a quien está contigo.

La clave está en saber que estas donde
tienes que estar. Justo ahí.

## 216.ª cita contigo

# *Aprende de tus cicatrices*
★

Qué bonitas las personas que han aprendido
a acariciar sus cicatrices como parte de su historia.
Cada cicatriz es un recuerdo de un aprendizaje,
de una vez en la que fuiste fuerte y te superaste a ti mismo.
Aprender de tus cicatrices te hace grande,
porque te recuerda que podrás hacerlo,
porque ya pudiste hacerlo antes.
Te recuerda mirar atrás para hacer hacia delante.
Te recuerda que del dolor también se aprende,
que en tus imperfecciones está tu perfección de ser
humano, que siempre *se puede*
aunque no siempre puedas recordarlo.
En palabras de Rumi:

«La cicatriz es el lugar por donde
te entra la luz».

**217.ª cita contigo**

# *El futuro no existe, el futuro es hoy, el futuro eres tú*

★

Nada de lo que has hecho va a determinar dónde estarás mañana.
Sólo lo que elijas hoy.
No dejes que tu pasado afecte a tu presente;
no tiene nada que hacer. Puedes elegir cambiar de camino, cambiar de decisión o cambiar de rumbo.
No dejes que lo que no ha sido posible limite lo que sí puede ser; en tus manos está volver a empezar,
intentarlo de nuevo o apostar por una nueva elección.
No pongas límites a lo que eres, a lo que puedes hacer,
a lo que quieres conseguir, porque en ti está todo el poder que necesitas para hacerlo posible.
Camina, equivócate, reenfoca, cambia, muévete,
pero hazlo.

Quizá ha llegado la hora de apostar por ti.

**218.ª cita contigo**

# Aprende a recibir
★

Quizá es más fácil para ti dar que recibir.
Es común que muchas personas se sientan bien cuidando,
regalando, ayudando, y les cueste más dejarse cuidar,
aceptar regalos, pedir ayuda y dejarse ayudar.
Forma parte del amor a uno mismo, del *sentir que mereces algo bueno*, de dejarte cuidar y amar por los demás.
Ábrete a lo que la vida tiene para ti.
Al amor que tienen para ti los demás,
a que te cuiden y hagan cosas por ti,
a que te regalen lo que creen que te va a hacer feliz.
Es otra forma de amar, permitirles a los demás
que te quieran.

Aprender a recibir es aprender a amar(se).

**219.ª cita contigo**

# *A veces hay que recordar no olvidar lo importante*

★

La vida es eso que pasa entre que trabajas y vuelves a trabajar.
O entre que arreglas un problema y aparece otro.
En tu día a día, te absorben las obligaciones,
tus responsabilidades familiares y profesionales,
tus preocupaciones y una larga lista de *falsos urgentes*
que hacen de tu día una carrera de fondo.
En medio de eso, ¿cómo acordarte de ti?
Parece imposible recordar que es el cumpleaños
de un amigo, preguntar cómo lleva la semana alguien
que sabes que la está pasando mal, o algo tan importante
como mirar a los ojos a la persona que comparte tu vida.
Una clave: las personas primero. Tú primero.
Recuerda que

son las relaciones con las personas
lo que da valor a la vida.

## 220.ª cita contigo

# Sé feliz
★

Parece inalcanzable, utópico, ideal.
Pero infinidad de estudios demuestran que la felicidad está en tus manos.
Quizá sea más fácil de lo que piensas.
Disfruta.
Ríe.
Abraza.
Besa.
Comparte.
Sonríe.
Crea.
Cree.

Sé feliz.
A ratos.
A momentos.
A vida.

**221.ª cita contigo**

## Cierra los ojos y no volverás a equivocarte

★

Las mejores decisiones de tu vida las tomas con el corazón.
Suena espiritual, irreal, o es sencillamente difícil de creer,
porque no se entiende.
La razón no alcanza a entenderlo y por eso rechazamos
todo lo que no tiene explicación.
Pero recuerda tu propia vida; esas decisiones que
te llevaron por los caminos que en ese momento
necesitabas, venían de ahí.
Cuando haces lo que se supone que tienes que hacer,
pero tu corazón te está diciendo lo contrario, te equivocas.
Lo que has aprendido de todas las veces que te has
equivocado es que tu corazón sabe el camino,
sólo tienes que aprender a escucharlo.

Escucha lo que tu corazón tiene que decirte;
es una brújula que te muestra el camino
para que siempre te encuentres.

## 222.ª cita contigo

# *Si no sonríes, no importa*
★

En la era de la felicidad en la que parece que vivimos,
tu vida se agrava con un *metasentimiento*:
te sientes mal de sentirte mal.
¿Te suena?
No te permites estar mal; tienes que estar feliz.
¿Imaginas a alguien que siempre esté feliz?
Yo no lo conozco.
Estar triste es sano, necesario y parte de ti.
Es importante sentirlo, vivirlo,
y también es importante no quedarse a vivir ahí.
Cuando estés cansado, descansa, pero no renuncies.
Descansa para sentirte mejor, para tomar fuerzas,
para reenfocarte en el camino que has elegido.

Un día sin sonreír no es un día perdido.

**223.ª cita contigo**

# Ama la vida

★

La vida es un regalo.
De esos regalos que no se ven, pero se sienten.
Que no se aprecian porque se tienen.
Que se valoran sólo cuando se puede perder.
Y entonces te agarras a ella,
fuerte, desmesurado,
intentando resumir lo no vivido
en el tiempo que te queda.
Ama la vida.
Abre los brazos para recibir lo que la vida tiene para ti.
Siempre estás a tiempo de abrazarla, de disfrutarla,
de vivirla, como lo que es: un regalo.

La vida es
una oportunidad de ser quien quieres ser,
para vivir lo que quieres vivir.

## 224.ª cita contigo

# *Quizá no era lo que esperabas, pero es lo que tiene que ser*

★

Cuando algo no sale como te habías imaginado,
te cierras a lo que es.
Te cierras a lo que pasa, niegas lo que está pasando,
porque no aceptas que la realidad tenga un curso
diferente a lo que habías pensado.
Lo que habías pensado sólo es eso: una idea,
un pensamiento, tu imaginación.
Pero el cerebro da por cierto lo que pensamos
con tanta fuerza que a veces cuesta aceptar que la vida
traiga algo diferente.
Mira lo que está pasando, lo que es,
no lo que tú querías que fuera.
Quizá es diferente a lo que esperabas, pero es lo que es.

Abre tus expectativas a la realidad,
y abraza el ahora.

**225.ª cita contigo**

# Cuando no sepas en qué creer, prueba contigo
★

Hay muchos momentos en los que pierdes la fe.
La fe es una energía poderosa que te mueve, que te guía,
que te da un sentido.
Cuando tienes fe en la vida y sientes que la vida te falla,
dejas de creer y pierdes el rumbo.
Cuando te quedas sin sueños, sin objetivos o metas,
porque la vida te ha cambiado el camino, pierdes el rumbo.
Y entonces no sabes dónde vas.
No sabes en qué creer.
Cuando no sepas en qué creer, prueba contigo.
En tu capacidad de aprender, de adaptarte a lo que viene,
de salir adelante. En tu fuerza, en tu perseverancia,
en tu amor.

Cree en ti.
Es lo único que tienes.

## 226.ª cita contigo

*Puedes volar,*
*sólo tienes que recordar*
*que ya tienes alas*

★

El activo más valioso que tenemos las personas
es nuestra capacidad de aprender.
Es ilimitada; cada vez que aprendes algo, se forman nuevas
conexiones neuronales en tu cerebro.
Estamos en constante evolución.
Nunca es tarde para nada; para comenzar a aprender el
idioma que siempre has deseado, practicar el deporte que
te gusta, o cambiar de profesión.
Entonces ¿qué te detiene?, ¿qué hace que no lo hayas
conseguido ya?
Quizá la creencia de que no puedes, no vas a saber, no
podrás aprenderlo o que es demasiado para ti.

Lo que crees que eres capaz de hacer,
marca tu límite.
En realidad, eres infinito.

**227.ª cita contigo**

# No huyas de tus heridas; cúralas
★

Huimos de lo que duele.
Conversaciones difíciles, personas del pasado,
recuerdos sin olvidar.
Es más fácil huir de lo que duele que afrontarlo.
Pero es necesario resolver, aunque duela, para dejar ir.
Porque lo que no se resuelve permanece,
te persigue hasta que decidas mirarlo de frente,
deshacer el nudo, mantener esa conversación,
aceptar que te hizo daño, sanar el recuerdo.
Elige curar en lugar de huir.
Afrontar en lugar de esconder(te).
Mirar en lugar de ocultar(te).

Somos especialistas en huir del dolor.
Pero las heridas sólo se curan cuidándolas.

**228.ª cita contigo**

# Tres claves para tu vida: amor, humor, humildad

★

Vive con amor y desde el amor.
Pon amor en lo que haces. Da lo mejor de ti en tus ideas, en tus proyectos, en tu forma de hacer. Elige mirar la vida desde el amor para seguir conectado contigo. Amor eres tú.
Aplica humor a lo cotidiano.
Relativiza lo más grave poniéndole humor. Ríete de ti, de tus fallas y tus aciertos, y regala humor a quien necesite recordar que nada es para tanto.
La vida desde el humor se hace más sencilla.
Sé humilde.
La humildad va desapareciendo a medida que creces; recuerda de dónde vienes para no alejarte de ahí. La humildad te acerca a los demás y te mantiene conectado con lo que de verdad importa.

La humildad te hace grande.

**229.ª cita contigo**

# *Todo en la vida enseña si quieres aprender*
★

Todas las personas pasan por situaciones difíciles,
pero no todas aprenden de ellas.
Para aprender hay que estar abierto a aprender.
Cuando alguien vive una situación difícil, tiene dos opciones:
vivirla como una oportunidad para crecer y aprender de sí
mismo y de lo que está pasando, o vivirla como un castigo.
Si la vives como un castigo, no sólo vas a desarrollar menos
recursos para afrontarla, si no que, además, vas a aprender
menos de la experiencia.
Todo en la vida enseña si quieres aprender.
Si quieres aprender, cualquier experiencia de tu vida
se convertirá en la llave de nuevos aprendizajes,
cualquier persona, en maestro de nuevas enseñanzas,
y estarás constantemente evolucionando.

Abrirte al aprendizaje que te ofrecen
las experiencias es abrirte a ti.

230.ª cita contigo

Mantra:

## Escucho mi cuerpo. Calmo mi mente. Siento mi alma

★

**231.ª cita contigo**

# La vida no te ha fallado. Te ha fallado lo que tu creías de la vida

★

Cuando crees que la vida te ha fallado,
es porque tú tenías otro plan.
Es justo ese plan imaginario lo que te ha fallado, no la vida.
Te hace daño lo que esperas que pase,
no lo que pasa.
Te hace daño lo que esperas que te diga alguien
y no te dice, no lo que te dice.
Te hace daño lo que esperas de la vida, no la vida.
La vida sólo es; tú eliges cómo interpretas lo que es,
lo que pasa.
Tú eliges cómo dejas que te influya lo que pasa cuando
no te gusta simplemente porque no es lo que esperabas.
Darte cuenta de que está funcionando ese mecanismo
basado en la expectativa te ayudará a reconducir tu forma
de mirar lo que pasa, y tu forma de vivirlo.

Quizá lo que está pasando
tiene algo que decirte.

## 232.ª cita contigo

# *Vivir es elegir*
★

Elegir es el precio que pagamos por ser libres.
Aunque a veces cuesta tomar decisiones,
porque sabemos que siempre perdemos algo.
Y ganamos algo.
En palabras de Francisco Alcaide,
«Vivir es elegir, y elegir es descartar».
Y es que en la vida nada es de una única manera
y siempre podemos elegir.
Estamos eligiendo a cada instante, en cada acción,
en cada decisión.
Vivir es elegir, decidir. Decidir es crecer, es avanzar.
La clave está en asegurarte de que esas decisiones
y elecciones te lleven a donde quieres ir.
Para saber si estás en el camino correcto,
puedes preguntarte:

¿te acerca a tu sueño lo que estás eligiendo?

**233.ª cita contigo**

# Tus errores son espejos en los que mirarte
★

Tus errores hablan más de ti que tus éxitos.
Y cómo los vives, también.
Cada vez que te equivocas,
aprendes más de ti que si te sale bien.
Emocionalmente, el error conlleva cierta tristeza (de pérdida)
y en esa emoción es donde mejor puedes reflexionar
sobre lo que ha pasado, lo que ha funcionado
y lo que puedes mejorar o cambiar.
Cuando las cosas te salen bien, avanzas, y pocas veces
te invitas a la reflexión (porque no la necesitas).
Sólo sigues haciendo, fluyes, haces,
y predomina la acción sobre la reflexión.
En tus errores, aprendes de ti; en tu forma de afrontarlos,
también.
Tus errores son espejos donde mirarte y aprender de ti.

Un error puede ser tu mayor acierto.

## 234.ª cita contigo

## *Pon la mirada en lo que sí funciona en tu vida y deja de mirar lo que no funciona*

★

Primer error de la vida:
no valorar lo que está, lo que funciona, quién está,
hasta que no está.
Y es que tu cerebro está preparado para estar alerta,
para avisarte de lo que falla, en modo supervivencia.
Y necesitas dar un paso más, de forma voluntaria, con
esfuerzo, si quieres aprender a disfrutar y valorar la vida.
Deja de poner la atención en lo que no,
y pon la atención en lo que sí.
Vas a descubrir que eres más de lo que creías,
que tienes más de lo que veías, y de que funcionan más
cosas en tu vida de las que habías pensado.
Al mirar así, te sentirás más poderoso, más capaz
y con mayores recursos para seguir construyendo tu camino.

Qué bonita puede ser la vida cuando la miras
desde todo lo bueno que tienes.

**235.ª cita contigo**

# Pues claro que existe la magia. La tienes dentro de ti

★

Decía J. K. Rowling, autora de *Harry Potter*:
«Es importante recordar que todos tenemos magia dentro de nosotros».
Sí, es importante recordarlo.
Existe la magia en ti, pero te cuesta verla.
No te lo permites, porque no crees en ella.
O no crees en ella porque no te permites verla.
Pero está.
La magia de creer y crear, de hacer tus sueños realidad,
de atraer lo que eres, de cambiar lo que quieres cambiar.
Magia de existir, de vivir el milagro que eres.
Magia de mejorar la vida de los demás con tus palabras,
con tus acciones. Magia de ser tú.
En palabras de Thích Nhất Hạnh:

«Porque estás vivo, todo es posible».

## 236.ª cita contigo

# *Tu grandeza no está en tu capacidad de hacer. Está en tu capacidad de aprender y reponerte*

★

Tu grandeza está en todo lo que has superado
y eres capaz de superar. En todo lo que has aprendido
por el camino hasta llegar aquí; en todo lo que has crecido
hasta ser quien eres hoy.

Y cuando dudes de ti
mira atrás
y recuerda cada una de las veces
en las que pudiste levantarte,
superaste obstáculos,
y cumpliste sueños.
Todo eso eres tú.

**237.ª cita contigo**

# Escríbete un mensaje desde el futuro. ¿Qué te dirías?

★

Hay días en los que tu vida parece cuesta arriba.
Enfocarte en lo cotidiano te hace ver más grandes las dificultades que no tienen por qué serlo tanto.
Pero es dónde miras, cómo miras y desde qué ángulo.
Imagínate que eso que ahora vives de cerca,
y te parece un mundo, no lo fuera tanto. ¿Qué ganarías?
Entre otras cosas, menos estrés, y por tanto más recursos para poder afrontarlo con éxito.
Si eso que estás viviendo ahora, lo observaras desde una tercera posición (como si fueras otra persona que lo mira de lejos), ¿qué verías?
Esta reflexión te puede ayudar a ampliar la visión y salirte del agujero de lo que ves.
Y si pasaran diez años, y miraras atrás y te vieras hoy, viviendo lo que vives y sintiendo lo que sientes,

## ¿qué te dirías a ti mismo?

## 238.ª cita contigo

# *Hoy invítate a crecer un poco más*

★

Cree en algo con todas tus fuerzas.
Cuando crees en algo, tu cerebro te ayuda a mostrarte todo
lo que necesitas para llegar allí.
Por eso «Creer es crean».
Todo lo que consigues en tu vida lo conseguiste
primero en tu mente.
Hoy invítate a crecer un poco más.
Cambia un pensamiento que te limite
por otro que te potencie.
Haz algo que nunca hayas hecho.
Piensa algo que nunca has pensado.
Cambia de perspectiva, de forma de mirar,
sobre un tema que te tenga anclado.
Dile a alguien que te importe algo positivo
que nunca le hayas dicho.
Aprende un concepto nuevo y aplícalo a tu vida.
Rétate a ti mismo a cambiar algo que quieras en ti.

Tu mejor inversión eres tú mismo.

**239.ª cita contigo**

# ¿En cuál de tus miedos aprendiste a volar?

★

Tus miedos son la mayor barrera hacia tus sueños.
A veces no los ves, pero aparecen en forma de excusas,
pintando un círculo alrededor de ti que no te deja moverte.
Es tu zona de confort. De la que aparentemente no puedes salir, porque parece imposible.
Y mucho menos volar.
Pero quiero decirte algo:
se puede volar sin alas;
soltando todo lo que te mantiene anclado,
todo lo que te hace creer que no puedes,
todo lo que te hace creer que volar no es para ti.
Suelta el miedo.

> Perder el miedo a perder
> te ayuda a ganar.

## 240.ª cita contigo

# Comparte tu música

★

Si hemos venido a algo en la vida, es a expresar nuestra
esencia, a compartir nuestra música, lo que somos,
lo que llevamos dentro.
Todos.
Tú también.
Afronta tu miedo a exponerte, a tocar tu música,
a mostrar lo que te hace vibrar, a compartir lo que eres con
el mundo.
Como decía Wayne Dyer: «No mueras con tu música
dentro de ti».
No. No te dejes ir así, sin ser tú, sin sentir ni dejarte sentir,
sin compartir(te), sin que conozcamos tu grandeza,
aquello que te hace único, aquello que has venido
a hacer aquí.

Es lo único que quedará de ti.
Tu música.

**241.ª cita contigo**

# Permítete ser feliz

★

*Permitirse*, del verbo «merezco ser feliz».
Y es que quizá es en tu mente, y en la valoración
que haces de ti mismo, donde no te concedes
el permiso de ser feliz.
A veces, en la educación recibida y las experiencias
aprendidas, prevalece el sentimiento de culpa,
la autoexigencia alta, la obligación y la responsabilidad,
olvidando el disfrute, la libertad de elegir o lo que realmente
quieres para ti.
Hoy te invito a que te permitas ser feliz.
Permítete disfrutar lo que estás viviendo, lo que estás viendo,
lo que estás sintiendo en este momento.
Permítete sentir que mereces lo bueno que te está pasando,
lo que deseas, lo que tienes.

Agradece lo que estás viviendo
y permítete sentirte feliz porque esté
en tu vida.

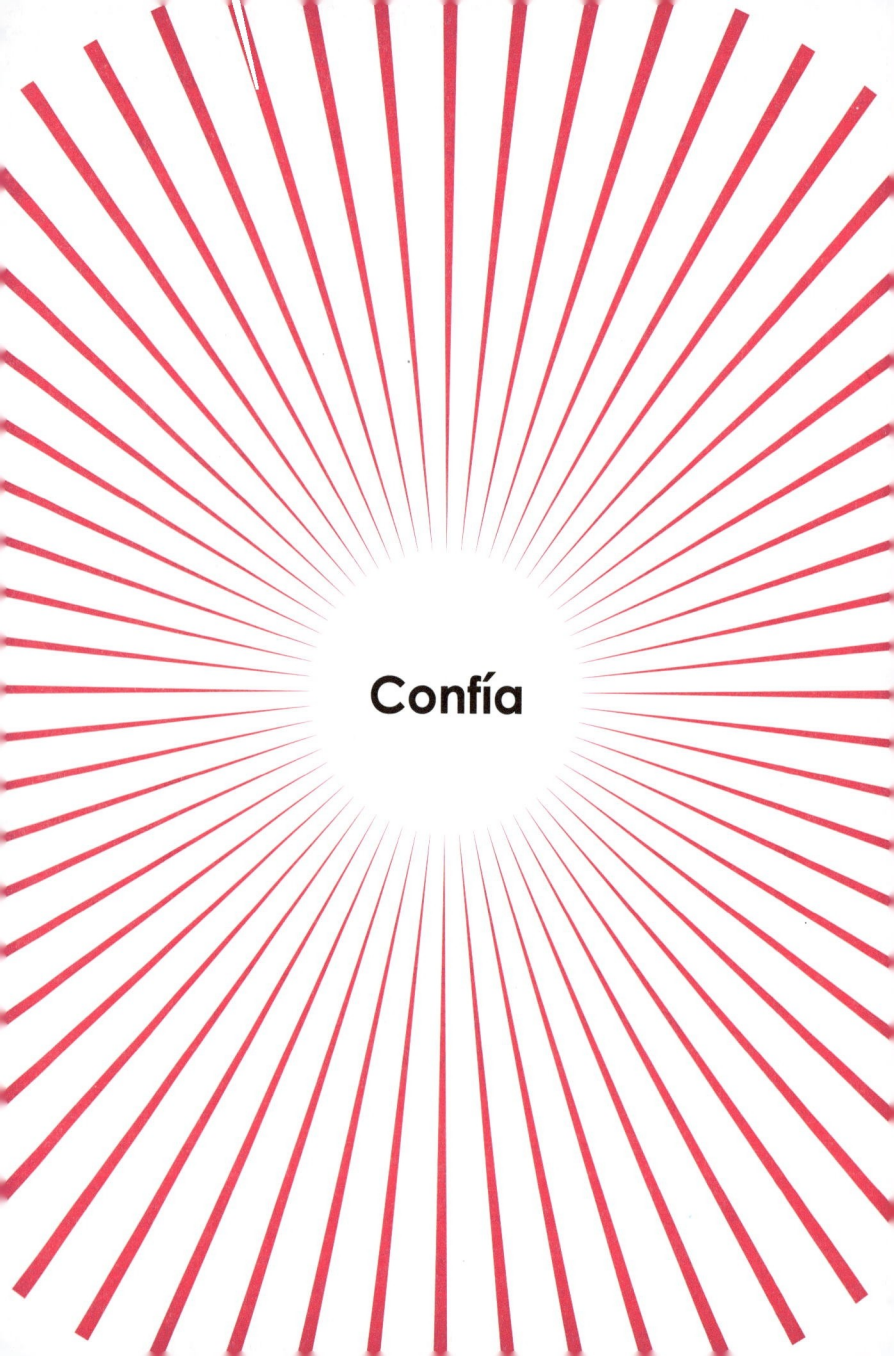

# Confía

### 242.ª cita contigo

# *Recuerda que es justo cuando no tienes nada cuando puedes soñar con tenerlo todo*

★

Justo cuando te sientes vacío puede ser el comienzo
de un nuevo final.
El momento en el que sientes que todo se rompe,
que nada de lo que era ya es,
que lo que has intentado no llegó a tiempo,
que lo que siempre había funcionado, ya no.
Ese momento en el que te sientes vacío,
es el momento en el que puedes elegir comenzar de nuevo.
Intentar lo que nunca has intentado,
crear el camino por el que no te habías atrevido a caminar.
Pensar que puedes, aunque antes pensaras que no.
Cuando no tienes nada, tampoco tienes nada que perder.
Sólo puedes ganar.
Desde ahora, eliges tú.

En el fracaso se incuban los sueños.

## 243.ª cita contigo

# Da las gracias a tu cuerpo por permitirte vivir

★

Vives en un cuerpo que te permite hacer lo que quieres:
andar, correr, saltar, bailar, vivir.
Y como está ahí y es tuyo, y siempre lo has tenido,
apenas valoras el milagro que es tenerlo.
Sólo cuando alguna parte del cuerpo no funciona
como antes, valoras lo importante que es.
¿Por qué esperar a que algo no funcione o
dejar de tenerlo para comenzar a valorarlo?
Cuidar tu cuerpo y tu alimentación es otra forma de amarte.

Cuida tu cuerpo. Es tu templo.

### 244.ª cita contigo

# A veces hay que dejar ir para poder ser

★

¿Cuántas cosas en tu vida te están haciendo daño?
Algunas de ellas están y otras pueden no estar,
pero te aferras a ellas para no dejarlas ir.
Aunque te hagan daño.
Aunque ya no sean lo que fueron.
Aunque dejarlas contigo suponga ponerlas por encima de ti.
De tus emociones. De tu corazón.
Hay algo que supone un antes y un después en este daño:
una decisión.
La tuya.
Decidir que ya es suficiente, y que dejas ir, para poder ser.
Decidir que nada merece estar por encima de ti.
Decidir que es el momento de soltar lo que
ya no quiere estar.

Aprendes a escoger lo mejor para ti
cuando aprendes a dejar
lo que ya no es bueno para ti.

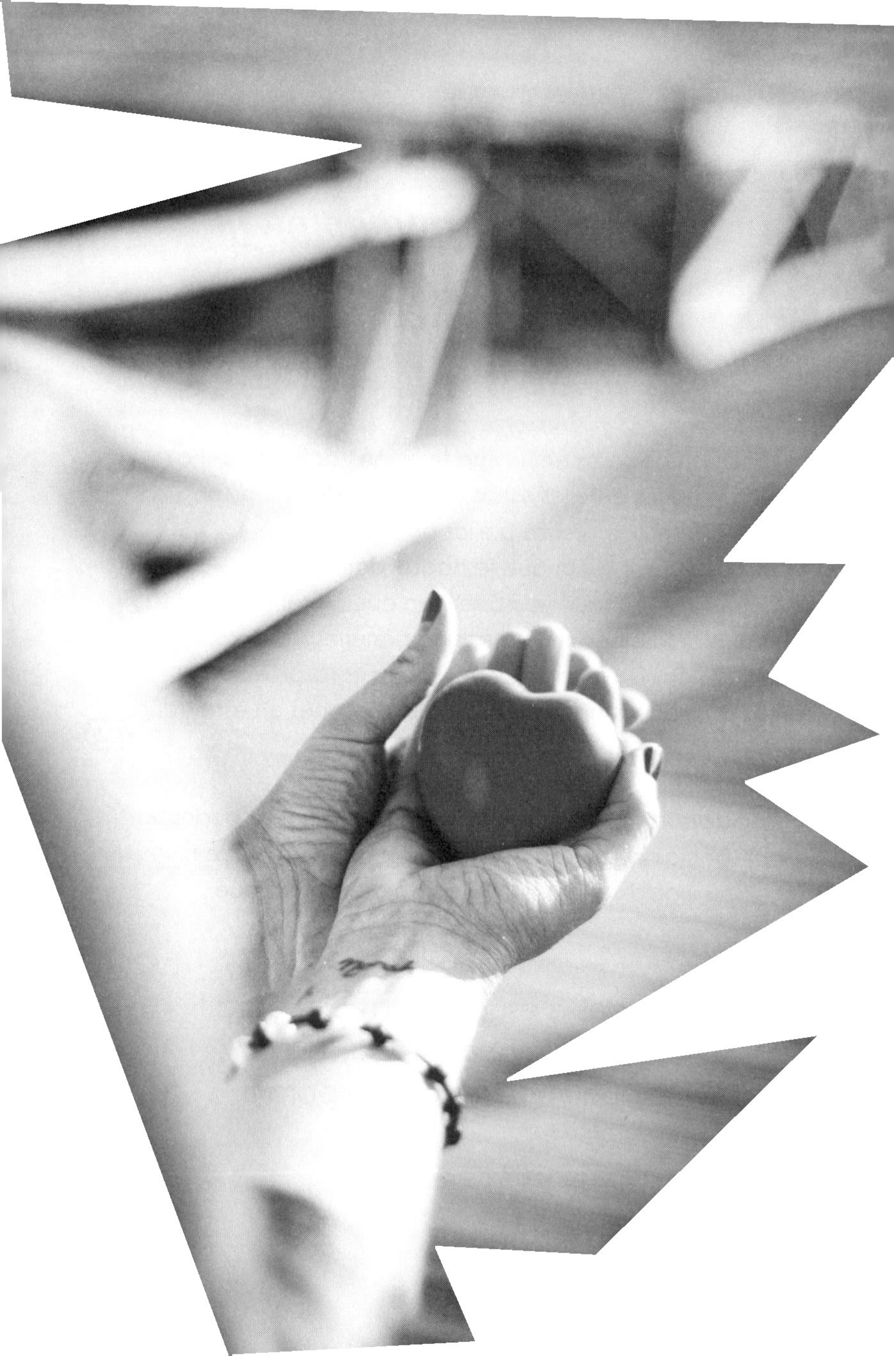

**245.ª cita contigo**

# Confía en lo que sientes
★

Confía en lo que sientes.
Hay cosas que no se pueden explicar.
Sólo se sienten, y no sabes por qué, pero lo sabes.
Ésas son las de verdad.
Dicen que la intuición es la inteligencia del alma,
o el corazón cuando te está hablando.
Cuando la razón no lo entiende, por miedo, lo descarta.
¿Cómo entender cuando sólo se siente?
Cuando no hay explicaciones, ni razones, ni lógica,
sólo se siente.
Esperas una respuesta para saber el camino correcto.
Pero la buscas fuera.
Quizá la estás buscando en el lugar equivocado.
Pregunta dentro de ti.

Confía en lo que sientes.
Tu corazón te está hablando.

## 246.ª cita contigo

*Intenta cada día hacer más bonita la vida de alguna persona. Empezando por la tuya*

★

Hay muchas cosas que puedes hacer por los demás.
Muchas veces, un pequeño gesto sin importancia para ti
puede mejorar el día de alguien,
y cambiar el rumbo de su vida.
Una palabra de aliento cuando alguien está agotado.
Un regalo sorpresa a alguien que no se lo espera.
Una llamada cada semana a una persona que te importa
de tu agenda.
Una visita sin avisar a quien hace tiempo que no ves.
Una carta de agradecimiento a alguien que ha hecho algo
por ti.
Un detalle personalizado a alguien que quieres.

Cuando intentas hacer la vida más bonita
a los demás, tu vida se llena de sentido.

**247.ª cita contigo**

# Por querer ser lo que quieres, te pierdes en el camino
## (Alejandro Jodorowski)

★

La vida es eso que pasa mientras estás enfocado
en lo que quieres conseguir.
Enfocarse es clave para llegar, para centrarse y conseguirlo,
pero cuando pones el foco *allí*, desaparece de *aquí*.
Es importante vivirse, sentirse, y disfrutar el camino y de uno
mismo mientras se avanza hacia lo que se quiere conseguir.
Es cambiar desde el ser, aceptando lo que se es,
caminando hacia lo que se quiere ser.
Es recordarse para no perderse.
Es disfrutarse para no olvidarse de vivir.

La vida es el equilibrio entre ser lo que quieres
y vivir lo que eres.

**248.ª cita contigo**

# Asegúrate de que tus pasos te llevan donde quieres ir

★

Hacer no es suficiente para conseguir lo que quieres.
Hay que hacer, pero en la dirección de tus objetivos.
Cada vez que hagas algo, pregúntate si eso que estás
haciendo te acerca donde quieres ir,
te acerca al objetivo o te aleja de él.
Es tan sencillo como pararte a pensarlo, y tan difícil como
cambiar de rumbo si la respuesta es no.
De nada sirve que trabajes mucho,
que estudies mucho, que hagas mucho,
si todo lo que haces no suma para acercarte
al objetivo que quieres conseguir, para ser lo que quieres ser.
Asegúrate que tus pasos forman parte del camino
que habías trazado para llegar a la meta.

Más vale hacer poco y bien dirigido,
que hacer mucho sin dirección.

**249.ª cita contigo**

*Hoy mírate como lo que puedes llegar a ser, y no como lo que crees que eres.*
*¿Lo has hecho?*
*Entonces, ya has crecido*

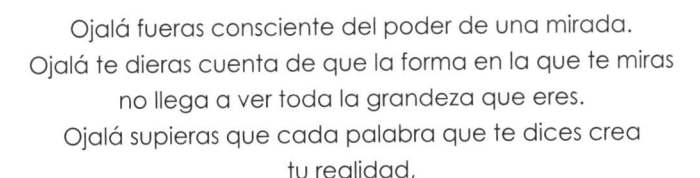

★

Ojalá fueras consciente del poder de una mirada.
Ojalá te dieras cuenta de que la forma en la que te miras no llega a ver toda la grandeza que eres.
Ojalá supieras que cada palabra que te dices crea tu realidad,
que cada frase te ayuda a crecer o te aleja de ti,
y que sólo en tus manos está amarte más hablándote mejor.
Ojalá pudieras mirarte como te ven las personas que más te conocen, lleno de capacidades por descubrir
y con un mar de valores que aún no puedes ver.

Todo esto es real, si aprendes a mirarte diferente.

250.ª cita contigo

Mantra:

# Siempre estaré ahí cuando me necesite

★

## 251.ª cita contigo

# Ama quien eres, qué eres y lo que haces

★

«Amarte a ti mismo es egoísta, narcisista y vanidoso.»
Hemos crecido con este aprendizaje.
¿Entiendes ahora por qué te cuesta tanto amarte?
Has aprendido que amarte es egoísta, que siempre
los demás van primero, que hay que entregar todo
y quedarse sin nada para ser buena persona.
Y ahora el mensaje es diferente:
Ama todo de ti.
Ama quien eres, de dónde vienes y todo lo que puedes
llegar a ser.
Ama qué eres, cómo eres, y sólo desde esa aceptación
y el amor por ti podrás dar los pasos que quieras para ser
quien quieras ser.
Ama lo que haces, porque sólo amando lo que haces
podrás ser tu mejor versión.

Entrégate en cada cosa que hagas,
que creas, que sientas,
y vivirás una vida desde el amor,
tu mayor energía creadora.

## 252.ª cita contigo

# Sueña.
# Soñar es crear
★

No nos permitimos soñar.
Quizá nos da miedo. Miedo a soñar alto,
por si nunca se hacen realidad.
Miedo a que sí se cumplan. Porque ¿y luego qué?
Y te quedas ahí, en un lugar neutro, con miedos y sin sueños,
esperando a que algo grande ocurra. Y así no.
Lo que separa tus sueños de la realidad es lo que haces
para conseguirlos. Son tus pasos. Es la acción.
Soñar es el primer paso para hacerlos realidad.

Uno de los mayores retos de la vida
es tener grandes sueños
para no perderse
en el camino.
Soñar es crear.

**253.ª cita contigo**

# Lidera tu vida

★

Liderar tu vida es demostrarte a ti mismo que eres
responsable y activo de las decisiones que crean tu vida.
Tú eres dueño de ti, de lo que piensas, de donde te enfocas,
de lo que permites que ocupe tu mente.
Eres dueño de lo que permites que pinte tus emociones
de un color u otro, te haga sentir bien o mal.
Donde te enfoques, donde centres tu atención,
es a lo que le estás dando prioridad, importancia y autoridad
para que dirija tu mente, tus emociones, tu vida.

Cuando descubras que tienes ese *superpoder*
de hacer grande lo que quieres conseguir
y hacer pequeño lo que quieres ignorar,
ese día liderarás tu vida.

## 254.ª cita contigo

# *No busques fuera y lejos*
# *lo que está cerca y dentro*
### *(Thích Nhất Hạnh)*

★

Decía Louise Hay que cuando nuestra visión interna se abre,
nuestro horizonte se expande.
Así es tu poder.
Tienes la capacidad de creer dentro para crear fuera,
de visualizar lo que quieres para hacerlo realidad.
Pero no eres consciente y sigues buscando fuera
lo que quieres, en los demás, en las cosas.
Buscando en los demás el amor que está en ti.
Buscando en tus superiores la aprobación que está en ti.
Priorizando lo que ves fuera a lo que sientes dentro.
Cree en ti, cree en tus posibilidades y en lo que tienes dentro
para regalar a los demás.
Sólo hay que aprender a mirarse en grande
para poder ver en grande.
De dentro hacia fuera.

Cree para crear.

**255.ª cita contigo**

## La vida sólo es

★

Quizá sea todo más fácil de lo que quieres ver.
La vida sólo es como es, y no como tú quieres que sea.
Puedes crear lo que quieras, como la arcilla entre tus manos
y la magia de ser tú.
Por eso cada vida es única; porque cada persona crea su
vida a su manera, con lo que quiere, con lo que siente, con
lo que es, con lo que se permite ser.
La vida sólo es. ¿Qué es?
Lo que tú quieras que sea.
Lo que seas capaz de crear con cada mirada,
con cada pensamiento, con cada expectativa,
con cada beso.

La vida sólo es.
Lo demás es cosa tuya.

## 256.ª cita contigo

# Brilla sin necesidad de quitar luz a otros

★

Brillar es de valientes.
Requiere determinación, valentía, fuerza,
y conectarte con tu ser.
Pero brillar también es compartir tu luz.
Brillar también es alumbrar el camino de los que aún
no han encontrado sus pasos.
Para brillar de verdad, tienes que utilizar tu propia luz,
no quitar la luz a otros.
El que brilla de verdad ilumina con su brillo a los demás,
a los que aún no saben que pueden brillar;
a los que aún no han conseguido ver el brillo
que llevan dentro.
Si para brillar necesitas restar luz a los demás, no brillas.

Brillas en la medida en la que haces brillar
a los demás.

**257.ª cita contigo**

# Deja atrás lo que duele para hacer espacio a lo que quieres

★

Lo que te duele te mantiene atado.
Al pasado.
Al dolor.
A lo que ya no es.
Tu energía concentrada en lo que te hace daño
te mantiene ahí, de espaldas a lo que tienes pero no ves,
a lo que puede llegar, pero no dejas entrar.
Dejar ir para poder ser.
Soltar para tomar.
Cerrar puertas para abrir posibilidades.
Aprende a hacer espacio a lo que quieres
que llegue a tu vida.
Puede que la vida te lo esté mostrando y tú no quieres verlo.
Porque sigues mirando atrás.
Suelta.

Abre los ojos a lo que tienes delante, y suelta
el daño que te mantiene anclado atrás.

## 258.ª cita contigo

# *Todo lo que intentes cambiar de los demás, lo tienes pendiente dentro*

★

Cuando te relacionas con otras personas,
proyectas tu mundo interior en ellos.
Cuando hablas, proyectas lo que te dices a ti en los demás.
Cuando juzgas, proyectas lo que crees de ti en los demás.
Una crítica, una opinión, un juicio dicen más de ti
que del otro; reflejan quién eres, cómo sientes,
cómo piensas, cómo ves.
Lo que quieres cambiar en los demás forma parte
de tu sombra; esa parte de ti que no quieres ver.
Que rechazas. Que niegas.
Como lo rechazas en ti, lo reflejas en los demás, y la vida
te lo presenta una y otra vez para que decidas resolverlo.
La única forma de resolverlo es desde la aceptación
de tu propia sombra, y aceptar así a los demás.

En tu aceptación está el cambio.

**259.ª cita contigo**

# *Libertad también es decir sí cuando quieres decir sí, y decir no cuando quieres decir no*

★

¿Te sientes libre?
*Libertad* es una palabra mágica con una carga emocional importante.
La libertad total es difícil; sin saberlo, eres esclavo de tus miedos, de tus creencias, de tu forma de ver el mundo, de tu inconsciente, de la huella que han dejado en ti la cultura y la educación con la que has crecido.
Pero puedes ser libre en pequeñas acciones del día a día: decidir es una de ellas.
Sentirte libre es poder decir sí, cuando quieres decir sí, y poder decir no cuando quieres decir no.
Sentirte libre es poder seguir lo que te dice tu corazón y serte fiel a ti mismo.
Sentirte libre es poder mostrarte al mundo con coherencia y autenticidad, conquistando el miedo a mostrar quién eres de verdad.
Pero mírate,

qué bonito/a eres cuando te sientes libre.

## 260.ª cita contigo

# Hazte la vida fácil

★

La vida quizá es más fácil o sencilla de lo que a veces
nos proponemos hacer de ella.
Y es que tenemos la capacidad de crearnos un infierno
o un paraíso sólo con nuestros pensamientos,
que elegimos nosotros, cada día, todo el tiempo.
Cuando pasa algo que no esperas, te complicas la vida
pensando en el peor escenario posible que podría suceder.
Cuando hay un cambio en tu vida (de trabajo, de pareja),
te generas ansiedad, miedos, estrés sólo por tu forma
de afrontarlo.
Hazte la vida fácil.
Quizá el secreto está en conocerte más,
para confiar más en ti, en la naturaleza de las cosas
y en los recursos que tienes en ti para afrontar lo que venga.
Sea lo que sea, cuida tus pensamientos, porque tienen
la capacidad de cambiar el cielo por el infierno
sin moverte del sofá.
Hazte la vida fácil.

Juega a tu favor, no en tu contra.

## 261.ª cita contigo

# Olvida
# lo que quieres olvidar
★

Decía García Márquez que la vida no es lo que has vivido,
sino lo que recuerdas, y cómo lo recuerdas para contarla.
Tu recuerdo no está hecho de realidades, sólo de vivencias.
Pero tu realidad sí está impregnada de recuerdos.
Tienes en tus manos otro poder: el de olvidar lo que no
quieres recordar y recordar lo que no quieres olvidar.
La historia que te cuentas a ti mismo te mantiene anclado
a lo que crees que fue, a lo que te dices que fue,
no a lo que realmente sucedió.
Elige contarte otra historia.
Elige contarte una historia en la que sólo quieras recordar
lo que aprendiste de ella, y no lo que te hizo daño,

y ése será el comienzo de tu nueva historia.

### 262.ª cita contigo

# Habla bien contigo mismo
★

Tus palabras crean tu mundo. Lo que te dices crea lo que ves, tiene el poder de hacer posible lo que crees, te potencia o te limita.
La frase «tú puedes» parece inofensiva. Son sólo palabras. La neurociencia ha demostrado que es más que eso: crea una sinapsis en el cerebro con efectos positivos en la conducta.
Son sólo palabras, pero palabras llenas de energía potenciadora.
¿Cuáles son las palabras que más te dices cada día? Si haces un listado, te darás cuenta de que pueden explicar gran parte de lo que sientes y consigues cada día.
Cuida tu lenguaje interior. Cuida la forma en la que te hablas. Cuida las palabras que usas contigo, porque tienen una fuerza expansiva o limitadora: te harán confiar y creer en ti sobre todas las cosas o sentirte culpable e incapaz ante lo que pasa.

Háblate como le hablarías a la persona que más quieres. Conviértete en tu mayor aliado.

## 263.ª cita contigo

# Atraes lo que eres
★

Hay muchas cosas en la vida a las que no les encontramos explicación.
Ésta es una: ocurre que cuando estás mal,
todo parece estar mal.
Y cuando estás bien, todo parece estar bien.
¿Tanto poder tienes?
Somos energía. Conectamos con los demás
(o no conectamos) por la energía.
Tu energía es diferente según tu nivel de conciencia,
de equilibrio, de coherencia interior.
Según te sientas en paz y armonía, o no.
Todo lo que eres (dentro) lo proyectas (fuera).
Sólo cuando te conectas contigo, con tu esencia,
con lo que eres, estás en armonía contigo y con el mundo,
y atraes ese «orden» donde parece que todo está bien.
Tu nivel de vibración te conecta con el mundo
y atraes lo que eres.

Calma tu mente para escuchar tu alma.

## 264.ª cita contigo

# *Eres tuyo*
★

No eres de nadie.
No tiene nada que ver con *estar con* alguien,
con *querer a* alguien, con *ser con* alguien.
Se trata de que eres tuyo y de nadie más.
Quiérete libre.
Quiérete eligiendo.
Quiérete queriendo ser libre, queriendo elegir,
queriendo vivir la vida como eres, al lado de quien tú
quieras, sin miedo a ser tú, porque eres tuyo.
Vive tu libertad de elegir en quién te apoyas,
a quién tomas de la mano, en qué ojos te quedas a vivir,
o en qué brazos haces tu hogar.
Pero desde ti, siendo tuyo, sin olvidarte de ti cuando eres
con otro sin ser de otro.

Qué bien te queda ser tuyo cuando sabes
que no eres de nadie.

### 265.ª cita contigo

# Sé compasivo contigo mismo
★

Sentir compasión es como abrazar a alguien.
Sentir compasión contigo, por ti, sería como abrazarte a ti.
En cuántos momentos de tu vida has necesitado ese abrazo
de ti mismo y no has sabido cómo hacerlo...
Porque no te han enseñado a quererte, a apoyarte cuando
lo necesitabas, a perdonarte cuando te equivocabas,
a abrazarte cuando tenías miedo o las cosas no iban bien.
Ahora sí. Sé compasivo contigo mismo.
Según Kristin Neff, la compasión es bondad, conexión
y atención.
La compasión es sentir bondad contigo mismo
y con todo lo que eres. Compréndete más y critícate menos.
Siente que estás conectado contigo y con todos los demás.
No estás solo. Hay muchas personas que viven
lo que vives tú.
Préstate atención a ti, a lo que te pasa, para cuidarte.
Vive lo que eres con atención plena, sin juzgarte,
para vivir la experiencia de ser tú tal y como es.

## Regálate a ti también el amor que regalas a los demás.

### 266.ª cita contigo

# *A veces se aprende más de caerse que de caminar*
★

Cuando todo está bien,
aprendes menos que cuando algo falla.
Tu capacidad de aprendizaje se activa cuando
las circunstancias requieren de ti que pongas en juego
tus recursos para superar algo.
Cuando tienes esos recursos disponibles, porque te ha
pasado antes algo parecido, los utilizas para afrontar
lo que pasa.
Cuando no tienes esos recursos, aprendes.
No todo el que camina crece, ni todo el que
se cae aprende.
Para aprender hay que querer aprender, poner en juego
los recursos para poder levantarse y aprender de ello.
Cada error es una oportunidad para aprender a volar.

Agradece a cada error de tu vida
todo lo que te ha enseñado.

### 267.ª cita contigo

# *A veces, viviendo se nos olvida vivir*

★

Hemos perdido la presencia, ganando ausencia,
a ninguna parte.
Y se nos pasa la vida, y no nos damos cuenta.
Te pierdes en el día a día, y un día te das cuenta
de que no vives. Sólo respiras.
Vives con tu mente en el ayer, con tus deseos en el mañana,
inventando recuerdos que aún no existen,
mientras pasan por tus ojos momentos que nunca se
volverán a repetir, y que no ves.
Se te pasa la vida mientras sientes que no tienes vida,
porque no estás *aquí y ahora*.
No se trata de cuánto dura la vida, sino de cómo estás
viviendo la vida.
Para vivir no es suficiente con dejarse llevar.
Vivir es más que respirar.

Vivir es querer vivir y disfrutar la experiencia
que es estar aquí y ahora.

**268.ª cita contigo**

# Acéptate. Ámate. Supérate
★

En ese orden.
Siempre te has centrado en la última.
Es como comenzar la casa por el tejado;
intentar ser más de lo que eres, sin saber quién eres.
Sin amar lo que eres. Sin aceptar lo que es.
Es como construir castillos en el aire; por muy alto
que lleguen, en algún momento se caerán porque
no tienen base real.
Acéptate. Eres todo lo que ves, y lo que no ves también.
Eres esas sombras que te niegas a ver, lo que te cuesta mirar;
lo que no te gusta de ti también eres tú.
Ámate. Sólo abrazando lo que eres desde el amor
incondicional podrás acompañarte para ser más de lo que
eres, aprender por el camino, amándote desde
la aceptación de ser tú.
Supérate. Eres lo que eres más lo que puedes llegar a ser.
Sólo desde la aceptación y el amor incondicional podrás
seguir avanzando y creciendo sobre tus raíces.

Siempre es el momento de ser
quien quieres ser.

### 269.ª cita contigo

# *La luz que buscas, esa que necesitas para iluminar tu camino, eres tú*

★

Las personas pasamos la mayor parte de nuestra vida
buscando fuera lo que en realidad tenemos dentro.
Necesitas oír de alguien las palabras para creer en ti mismo.
Que alguien te diga qué debes hacer.
Si el psicólogo no te da la receta mágica, no te sirve.
Buscas maestros espirituales que te revelen el camino,
mentores que avalen tu capacidad,
religiones que te digan por dónde tienes que ir.
Déjame decirte que todo lo que buscas fuera ya lo eres.
Eres el camino, eres la vida, eres toda la luz que buscas
para iluminar el camino.
No cierres los ojos a tu grandeza, a tu sabiduría interior,
a lo que tu corazón tiene que decirte, porque tú eres
el camino que buscas.

Sólo cuando aceptas que eres luz
puedes compartir tu luz con los demás.

**270.ª cita contigo**

Mantra:

*En mi vida no me resisto a lo que es. Confío en que todo está bien, acepto que la vida fluye, y fluyo con ella*

★

**271.ª cita contigo**

*Di sí a
todo lo que te queda
por sentir*

*(Eloy Cánovas)*

★

Cerrarte a la vida no te sirve de nada.
Pasar por la vida de puntitas para no hacer ruido,
esconderte en tus miedos para que no te vean,
no arriesgarte por miedo a perder,
ya es haber perdido.
Si te cierras a la vida, la vida también se cierra a ti.
A la vida hay que decirle sí, para que baile contigo.
Di sí a lo que te da vida, a lo que te hace feliz.
Di sí a todo lo que nunca has hecho y te gustaría hacer.
Di sí a lo que nunca has sentido y a todo lo que te queda
por sentir.

Que la vida se trata de sentirla
más que de pensarla.

## 272.ª cita contigo

# *Si ahora no, después tampoco*
★

Cuando lo consiga seré feliz.
Y así siempre, toda la vida, desde toda la vida.
Todo lo que no seas ahora, después tampoco.
Si no eres feliz ahora, con lo que tienes, con lo que eres,
donde estás, tampoco lo serás después, cuando consigas
eso que quieres.
Mírate. Probablemente tengas muchas cosas que siempre
has querido, has ido donde siempre quisiste ir
y has aprendido muchas cosas que siempre has querido
aprender. Y sigues posponiendo eso de ser feliz,
como si estuviese supeditado a alguna condición física,
a alguna posesión material, a algún momento del tiempo.
Es hora de despertar a ti. No necesitas nada de después
para sentir la felicidad de ahora.
En palabras de Karmelo Iribarren (poeta):

«Ya poseemos casi todo lo que nos iba
a hacer felices. Puede decirse que lo hemos
conseguido».

### 273.ª cita contigo

# Antes de conseguirlo, fuiste valiente

★

¿Recuerdas la última vez que conseguiste algo que querías?
Lo conseguiste porque lo intentaste.
Lo intentaste porque fuiste valiente.
Fuiste valiente porque dijiste sí.
Decir sí es arriesgarte a ganar, es creer en ti
y en tus posibilidades, es apostar por todo lo que te acerque
allí donde quieres ir.
Es conquistar el miedo a perder,
porque siempre pierdes cuando ganas,
porque siempre ganas cuando pierdes.
Siempre pierdes antes de ganar.
Siempre te equivocas antes de acertar.

Pero nunca pierdes, y nunca te equivocas,
son sólo pasos para conseguirlo.

**274.ª cita contigo**

# Mírate desnudo de juicios

★

Qué bonito es ser tú cuando no te juzgas.
Cuando te miras desde el amor, y con amor, aceptando cada parte de ti.
Cuando miras tus sombras desde tu luz, las iluminas y las integras en ti.
Cuando aceptas lo que no te gusta y abrazas cada una de tus imperfecciones como únicas.
Cuando te miras desde lo que eres y desde lo que puedes ser, sin miedos, sin excusas, sin limitaciones, con toda la inmensidad que vive en ti.
Qué bonito es ser tú cuando dejas de juzgarte, cuando te amas como eres, cuando sientes la gratitud de existir y de vivir la vida que vives.

Mírate sin juzgarte. Disfruta del milagro que eres cuando te permites ser tú.

**275.ª cita contigo**

# ¿Quién dirige tu vida, tus sueños o tus miedos?

★

Hay muchas personas que se esconden en sus miedos por no vivir sus sueños.
Cuando tomes una decisión, pregúntate
¿quién está decidiendo, mis sueños o mis miedos?
Eso te ayudará a elegir, a decidir, a encontrarte.
Es muy fácil perderte en los miedos para no avanzar.
Aparecen en forma de excusa y, sin darte cuenta,
te van alejando de tus sueños cada vez que dices *no*.
O que dices *sí*, a lo que no *quieres*, pero *debes*.
No te escondas en tus miedos para no vivir tus sueños.
Lo que consigas en la vida será el reflejo
de lo que dejas que gane.
Decía Wayne Dyer que el estado de tu vida
no es más que un reflejo
del estado de tu mente.

La vida es esto: el tiempo que tienes para conseguir tus sueños.
No cometas el error de no vivirlos.

**La luz que necesitas eres tú**

**276.ª cita contigo**

# Cuida a otros. Pero cuida de ti

★

Hay quien sabe cuidar muy bien a los demás, pero cuida muy poco de sí mismo. Y le cuesta aún más dejarse cuidar, que alguien mire por él, que dedique tiempo a hacer algo que lo haga sentir bien.
Cuidar es amar.
Cuidar es tan importante como dejarse cuidar,
porque el amor que tú pones al hacer algo por los demás, también quieren ponerlo los demás en ti, contigo.
Empieza hoy.
¿Qué puedes hacer hoy por ti?
Conviértete en el mejor cuidador de ti mismo.
Cuídate como cuidarías a quien más quieres, háblate como hablas con la persona que más admiras.
El amor que das a los demás comienza contigo, en ti.

> Cuidar a otros requiere
> cuidarte primero a ti mismo.

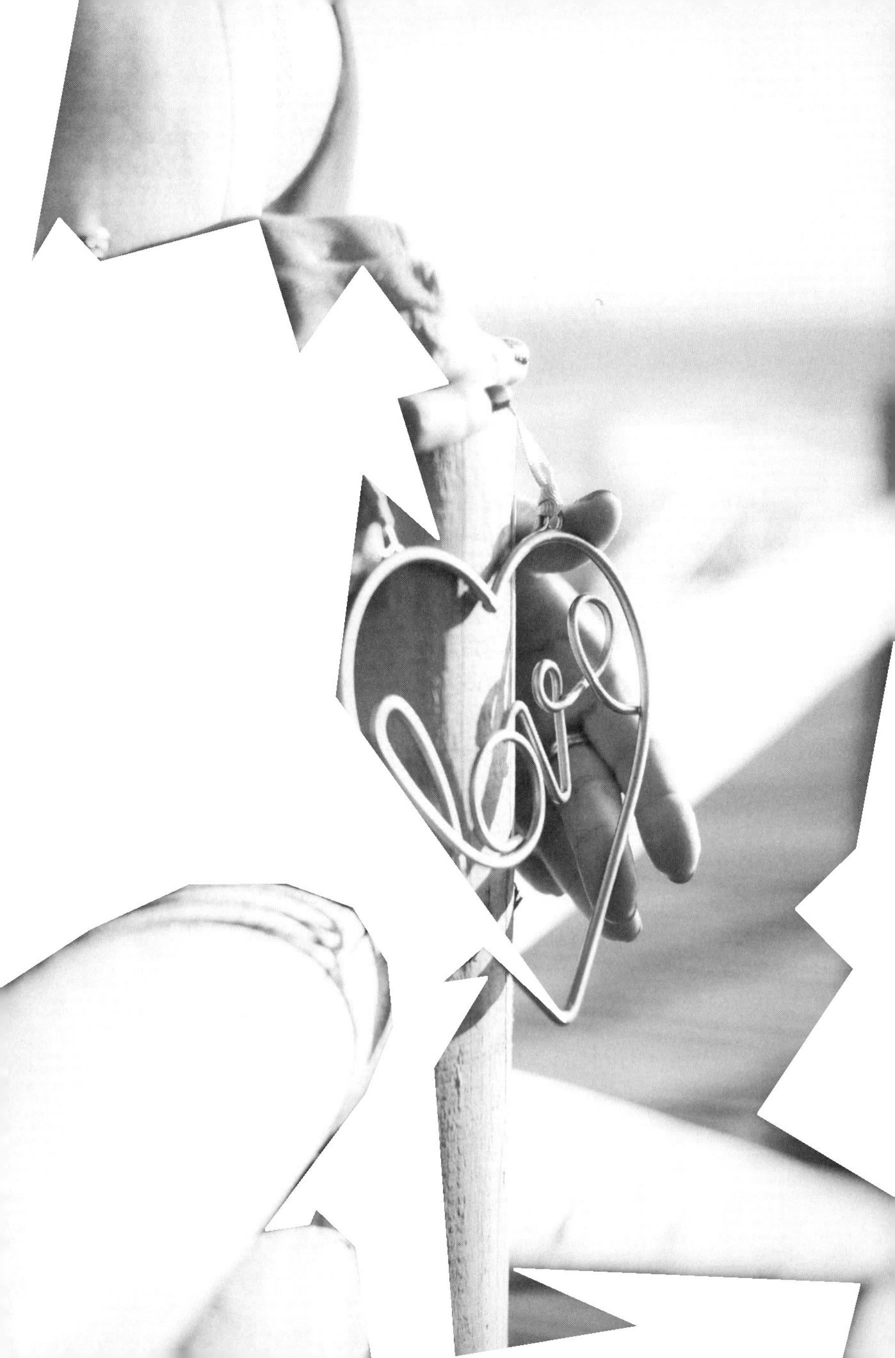
love

**277.ª cita contigo**

# El amor de tu vida eres tú

★

Amarse a sí mismo es un arte que se aprende.
Es todo un reto.
Amar amándote.
Dar sin olvidarte de ti.
Cuidar cuidándote.
Sólo amándote a ti mismo puedes construir relaciones sanas,
libres, y que te aporten plenitud y crecimiento.
De lo contrario, crearás relaciones destructivas
y dependientes que te mantendrán alejado de ti.
El amor de tu vida eres tú.
Vas a amar a otros, a veces por encima de ti mismo,
y cuando eso ocurra, tendrás que volver a recordar
el camino de vuelta. A ti.
Cada experiencia que te haga daño
te mostrará lo que de verdad importa.

Recuerda que tú eres la persona más importante de tu vida, y sólo mediante el amor a ti mismo podrás amar a los demás desde la libertad de ser tú.

## 278.ª cita contigo

# *La luz es demasiado dolorosa para quienes viven en la oscuridad*

### *(Eckhart Tolle)*

★

Sentimos miedo cuando descubrimos que no somos
lo que pensamos que somos.
Vivimos rechazando lo que es, deseando lo que no es.
Por miedo a la verdad.
Porque la verdad nos da miedo. Preferimos la nuestra,
la que vemos, la que nos contamos tantas veces
que nos llegamos a creer.
La luz es demasiado dolorosa para los que viven
en la oscuridad de su verdad.
Elige ver lo que es, no lo que quieres ver.
No tengas miedo a lo que eres, porque sólo abriendo
los ojos a lo que eres puedes comenzar a cambiar
lo que quieres cambiar.
Recuerda que sólo desde la oscuridad se puede ver la luz.

Acéptate como eres: perfectamente imperfecto.

**279.ª cita contigo**

# Comparte para ser libre

★

No es lo mismo necesitar amor
(cuando no te amas a ti mismo)
que compartir amor cuando partes del amor a ti mismo.
Uno crea dependencia y apego, y el otro crecimiento
y libertad.
No tengas miedo a la soledad. Por miedo a estar contigo,
te aferras a alguien. A veces, te regalas demasiado fácil.
Huyendo de ti, caes en los primeros brazos que te acogen.
Cuando necesitas a alguien porque huyes de ti, estás
diciendo *no* a tu libertad, a la libertad de amar desde la
independencia, a la libertad de ser tú con otro, para ser otro.
Sin darte cuenta, estás amando desde la posesión,
desde la dependencia, que es lo contrario de un amor sano.
No tienes que buscar amor, porque tú eres amor.
Elige. Comparte. Suma. Acompaña. Ama.
Pero no seas de nadie, porque ya eres tuyo.

No tengas miedo a la soledad.
Tienes la mejor compañía: a ti mismo.

## 280.ª cita contigo

# *Tu vida es un espejo*
★

Tu vida es un espejo.
Lo que vives fuera, refleja lo que eres dentro.
En palabras de Deepak Chopra: «El mundo de allí fuera refleja tu realidad de aquí dentro. Las personas ante las cuales tu reacción es más fuerte, sea de amor u odio, son proyecciones de tu mundo interior. Lo que más odias es lo que más niegas en ti mismo. Lo que más amas es lo que más deseas dentro de ti. Usa el espejo de las relaciones para guiar tu evolución. El objetivo es un total conocimiento de uno mismo. Cuando lo consigas, lo que más desees estará automáticamente allí; lo que más te disgusta desaparecerá». Tienes la oportunidad de ver reflejada fuera la realidad que vives dentro; aprovecha y agradece cada muestra de lo que eres, y que ves fuera de ti, en tus relaciones, en tu vida, en lo que tienes, para cambiarlo o mejorarlo en tu interior.
Tu vida es un espejo, y como decía Wayne Dyer,

«el estado de tu vida no es más que un reflejo del estado de tu mente».

**281.ª cita contigo**

# No busques, encuentra

⭐

Vivimos desconectados de nosotros mismos
y siempre buscando ese «algo» que nos falta para ser felices.
Nadie sabe qué es. Ni dónde está.
Por eso parece que lo buscamos en todas partes.
En las personas. En las cosas. En el éxito.
En los objetivos ambiciosos.
Pero cuando te acercas a ellos, y parece que lo has
conseguido, te inunda un vacío lleno de decepción,
incomprensión y rabia, porque no estaba ahí.
Entonces, ¿dónde está?
Dentro de ti.
Justo donde no se te ocurre mirar.
Justo donde te da miedo mirar.
Quizá ya no tienes que buscar más,
porque ya lo has encontrado.
Eras tú.

Cada paso que des en esa dirección
te acercará a la inmensidad que eres,
al amor que sientes,
a la magia de ser tú.

## 282.ª cita contigo

# *No puedes saber todas las respuestas*

★

Puede que ese exceso de control te esté haciendo daño.
A muchas personas, la necesidad imperiosa de saber por qué, quién, para qué, dónde, cómo, le genera ansiedad.
Simplemente porque no siempre están disponibles
las respuestas.
Y no pasa nada.
La otra parte del control, la que equilibra la ansiedad
que genera el querer controlar, es la confianza.
Cuando no sepas la respuesta, confía.
La confianza te genera calma, aire, serenidad.
Es como si la vida te pusiera la mano en el hombro
y te dijera «tranquilo, todo está bien».
Tienes que aprender a vivir con lo que no sabes,
con lo que no tienes, con lo que no eres,
e integrar eso en tu camino de desarrollo.

No puedes saber todas las respuestas.
Aprende a vivir así.

### 283.ª cita contigo

*¿Escuchas lo que te dicen  
o lo que quieres escuchar?  
¿Ves la vida desde lo que es,  
o lo que quieres ver?*

★

Mírate. Llevas unos anteojos puestos que no ves. Pero están.
Esos anteojos te hacen ver la vida desde lo que eres,
desde lo que piensas, desde lo que sientes,
pero no desde lo que es.
Depende del color de anteojos que elijas, ves la vida diferente.
El día que eliges los anteojos de color rosa, la vida es rosa;
parece que todo sale bien, la gente te sonríe por la calle
y la música te acompaña en tus pasos.
Pero hay días que cambias de color; eliges los anteojos
negros, azules o rojos. Ese día nadie te mira, nadie te sonríe
y la música sería de una película de terror.
Ves el día diferente según los que te pongas.

Acuérdate de quitarte los anteojos
cuando quieras saber la verdad.

### 284.ª cita contigo

# *No puedes evitar el cambio, pero puedes elegir vivirlo en lugar de defenderte de él*

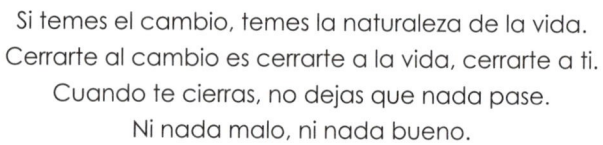

★

Si temes el cambio, temes la naturaleza de la vida.
Cerrarte al cambio es cerrarte a la vida, cerrarte a ti.
Cuando te cierras, no dejas que nada pase.
Ni nada malo, ni nada bueno.
Cerrarte a lo que pasa no significa que no pase,
significa que pasa sin ti, que te quedas a un lado de la vida
esperando que todo vuelva a ser como antes.
Y eso nunca llegará.
No te resistas al cambio. Fluye con él. Vive el cambio.
Surfea las olas, disfruta la tempestad. Vivirlo desde dentro
te permitirá crear, elegir, construir de forma activa y disfrutar
la oportunidad de formar parte de algo que supone
un antes y un después en tu vida.

La diferencia entre esconderte del cambio
o crearlo es una decisión.

**285.ª cita contigo**

# El camino es el regalo
★

Respira.
Tienes la sensación de que siempre vas corriendo
a todas partes.
Ni siquiera sabes cómo has llegado a casa.
Ni cómo saliste.
Ni qué hiciste durante el día. Ni ayer. Ni el día anterior.
Respira.
En tu vida parece que todo tiene una meta;
terminar la carrera, culminar en el matrimonio,
tener hijos, ascender en el trabajo.
¿Y luego qué?
Respira.
No tienes que correr.
Quizá no hay ninguna meta; el camino, en sí mismo,
es el regalo.
No es necesario que corras.

No tienes que llegar a ningún sitio.
Tu destino eres tú mismo.

### 286.ª cita contigo

*Encuentra un propósito que sólo sea tuyo y no trate de cumplir expectativas. Tuyo y nada más*

★

A veces hay que volver atrás para recordar quién eres,
porque te perdiste en el camino.
Y te perdiste porque quizá intentaste ser otra persona;
esa que todos esperaban que fueras.
Diciendo lo que esperaban que dijeras.
Estudiando lo que esperaban que estudiaras.
Vistiendo como esperaban que vistieras.
Y un día te fue imposible reconocerte debajo del disfraz
de «soy lo que se supone que tengo que ser»,
y claro, no eras feliz.
Hay una persona que espera de ti algo maravilloso: tú.
Dedícate a ser feliz siendo tú, sin disfraces, sin los *debería*,
sin mentiras.

Cumple tus propias expectativas
y vive la vida que elijas siendo tú mismo.

**287.ª cita contigo**

# ¿Qué harías si fueras otra persona?

★

Tus creencias crean tu mundo. Tus limitaciones están en tu mente, y lo que crees de ti también.
¿Qué harías si fueras otra persona?
¿Has probado (ad)mirarte con otros ojos?
Eres más grande de lo que crees.
Tienes más capacidades de las que ves.
Sientes más de lo que te quieres permitir.
Y llegarás tan lejos como te propongas.
Nada es imposible para ti,
sólo lo que no te permites que sea.
En palabras de Deepak Chopra:

«Debes encontrar el lugar dentro de ti, donde nada es imposible».

### 288.ª cita contigo

## *Persiguiendo lo que deberías ser te has olvidado de ser quien eres*

★

Buscando alcanzar el ideal que debemos ser
nos perdemos de lo que somos. Y luego decimos que nadie
nos conoce.
¿Y tú?, ¿te conoces tú?
Pasas más tiempo mirando hacia lo que quieres ser
que viviendo lo que eres.
Deja de hacerte daño por no llegar a la imagen
de lo que se supone que debes ser o de lo que quieres ser.
Y buscando ser quien quieres ser, te alejas de ti,
niegas quién eres, porque no se acerca a tu imagen ideal.
Ése no es el camino.

El camino siempre es el amor a ti.
Abraza lo que eres para llegar
a ser quien quieres ser.

## 289.ª cita contigo

# Controla tus pensamientos para controlar cómo vives tu vida

★

Controlar tu vida es imposible. Porque la vida en sí misma implica una parte que no se puede controlar, incierta, impredecible, mágica.
Lo que sí puedes controlar es cómo vives tu vida, la experiencia interior que creas de tu vida.
No es lo que te pasa, es lo que te cuentas a ti mismo de lo que te pasa. Eso lo puedes conseguir eligiendo los pensamientos adecuados, la actitud adecuada y el sentido que te dé la energía suficiente para vivirla con significado.
Decía Viktor Frankl que nos pueden arrebatar todo menos la capacidad de elegir la actitud con la que afrontamos las circunstancias de la vida.
Cuando controles tus pensamientos, serás el dueño de tu experiencia interior.

Aceptar tu experiencia interior es lo que te llevará por el camino de la felicidad.

290.ª cita contigo

## Mantra:
*(Dalái Lama)*

*Hoy he tenido suerte. He despertado y estoy vivo. Tengo esta vida valiosa y no la desperdiciaré*

★

## 291.ª cita contigo

# Aprende a vivir en la incertidumbre

★

No tengas miedo a la incertidumbre.
La incertidumbre es la vida misma diciéndote que nadie sabe qué pasará mañana, ni en un rato, ni justo cuando termines de leer esta frase.
Vivir en la incertidumbre es aceptar que la vida no se puede controlar.
Que hay aspectos que forman parte de tu área de responsabilidad (tus decisiones, tus acciones, tus pensamientos, tus palabras) y otros sobre los que no puedes ejercer control. Pero tienes que vivir con ellos.
Juntos, forman la vida, crean la vida como es.
Rechazar o negar la incertidumbre porque no puedes controlarla es rechazar la naturaleza de la vida.
Confía en ti, conoce tus recursos personales, comparte, crea; éstas son tus herramientas para afrontar lo incierto, lo que no sabes cómo será, lo que no se puede anticipar.
En palabras de Deepak Chopra:

«En la incertidumbre encontraremos la libertad para crear cualquier cosa que deseemos».

**292.ª cita contigo**

# Silencio
★

Ama la belleza de tu silencio.
En tu silencio se encuentran las respuestas
que no sabes decirte.
Las razones que no sabes darte.
El camino que no sabes encontrar cuando hablas.
El camino de vuelta a casa, a la verdad de tu alma,
a lo que de verdad eres.
En el silencio se calman los miedos,
los tuyos y todos los que te presta el mundo.
En el silencio sólo escuchas la voz del alma,
la grandeza de tu espíritu,
la fuerza de tu corazón.

Ama todo lo que te dice el silencio,
porque es allí donde vuelves a encontrarte.

**293.ª cita contigo**

# Volver a ti mismo siempre será el mejor de tus viajes

★

Si te encuentras perdido, no tengas miedo.
Perderte es el camino para encontrarte tantas veces
en tu vida como ciclos se cierren y puertas se abran.
Si hoy no te quieres, si sientes que no te quieren suficiente,
no tengas miedo.
Encontrarás tu sitio.
Desde ti mismo, en ti mismo, contigo.
Y también con otros.
Vuelve a ti. A lo que siempre has sido.
A la persona de la que sin querer huiste,
a todo lo que has querido evitar de ti.
Si no amas tu oscuridad, no podrás encontrar tu luz.
Tu mayor belleza se encuentra
en las partes de ti mismo
que siempre has querido evitar.
Vuelve a ti.

Sentirás el significado de la palabra
*coherencia* cuando te permitas ser tú mismo.

## 294.ª cita contigo

# *A veces tenemos miedo de saber que estamos donde no queremos estar*

★

Cuando tienes miedo a una pregunta,
en realidad tienes miedo a la respuesta.
Parece más sencillo hacer como que no pasa nada,
como que estás bien, que hacerte una pregunta incómoda
que te haga dar una respuesta incómoda y
actuar en consecuencia.
Quizá por miedo a saber que no, que no es la vida
que querías tener, que no estás haciendo lo que querías
hacer, que no es eso que tienes cada día lo que creías
que era el amor.
Pero ahí sigues, sin querer mirar, viviendo de puntitas
por no afrontar una decisión vestida de respuesta,
capaz de revolucionar todo lo que tienes, lo que eres,
para demostrarte que quizá era cierto que había algo mejor.

Lo que te separa de lo que quieres
a veces es una respuesta incómoda.

**295.ª cita contigo**

# En el fracaso se incuban los sueños

★

Aprovecha el suelo para mirar el cielo.
Desde el suelo, cuando te caes,
cuando parece que no tienes nada que perder,
cuando parece que ya todo está perdido.
Ahí es donde mejor puedes construir.
Puedes imaginar. Puedes soñar. Puedes arriesgarte.
Decía Zig Ziglar que el fracaso sólo es un suceso,
no una persona.
Acuérdate de mirarlo así.
Permítete soñar alto para hacerlo realidad.
Cree en ello con todas tus fuerzas, pon todo de ti para
conseguirlo, y estarás más cerca que nunca.

Nunca verás cumplirse un sueño
que no hayas soñado; nunca verás que
consigues algo en lo que no hayas creído.

## 296.ª cita contigo

# Perdona y serás libre
★

¿Cuánto pesa eso que aún no has soltado?
¿Qué tan alto podrías volar si no lo llevaras contigo?
Hay personas que viajan con una mochila llena de rencor,
de conflictos por resolver, de palabras por decir,
de cosas por sentir, de vidas por vivir.
No hay mayor peso que lo que nunca hiciste.
Nada duele más que lo que nunca dijiste
y todo lo que te quedó por vivir.
Perdonar es cambiar el rencor por la paz en ti mismo.
Cuando perdonas, eres libre de la carga de no dejar ir algo
que ya se fue, que ya no está, que sólo vive en ti.
Decía Louise Hay que el perdón es la respuesta a casi todos
los males. Porque lo que no es tuyo, y te quedas dentro,
te hace daño.

Perdona; al liberar a otros de la carga de tenerles rencor, te estás liberando a ti mismo.

**297.ª cita contigo**

# *Cada día afirma lo que quieres en la vida. Dilo como si ya lo tuvieras*

*(Louise Hay)*

★

Tienes la capacidad de atraer a tu vida aquello que crees.
Decía Zig Ziglar que si no te ves como un ganador,
no puedes actuar como un ganador.
Actúa como si ya lo tuvieras.
Hazlo como si ya lo hubieras conseguido.
Vive como si lo que quieres ya estuviera en ti.
Es la forma más clara de acercarte a lo que quieres,
de atraerlo, de hacerlo realidad.
Cruzando la barrera del *no puedo*, del *eso no puede ser para mí*, del *no me lo merezco*, que tanto te alejan de ti.
Cuando eso ocurre, casi todo es posible.
Al menos te acercarás más a eso que quieres, librando la primera barrera para hacerlo posible: tus creencias de que no puedes conseguirlo.
Hazlo cada día.

Crea tu camino creyendo en lo que deseas.

## 298.ª cita contigo

# *Disfruta cada instante*

★

Vivimos desconectados de lo que pasa,
con la mente en lo que pasó o en lo que puede pasar.
Mientras tanto, la vida pasa, y tú pasas con ella,
sin tener presencia en el momento presente.
Decía Eckhart Tolle que si no estás viviendo este momento,
no estás realmente viviendo.
Podríamos decir que hay muchas personas que tienen vida,
pero no viven realmente. Sólo están.
La única forma de saber que estás vivo es disfrutar
el instante presente.
Si tienes que sentir, siente.
Si tienes que comer, come.
Si tienes que bailar, baila.
Pero siente y disfruta cada cosa que hagas.
Siente el aquí y el ahora.

Si sólo te vas a llevar lo que vivas,
comienza a vivir lo que te quieres llevar.

## 299.ª cita contigo

## *No repitas errores, comete errores nuevos*

★

Hay personas que tropiezan con la misma piedra constantemente.
A veces, la vida te pone por delante la misma situación varias veces, en repetición, quizá esperando que aprendas lo que tienes que aprender de ella.
A veces eres tú el que, sin saber cómo, acaba tropezando varias veces con la misma piedra, cometiendo el mismo error, quizá porque aún no has aprendido lo que tenías que aprender.
Repasa los patrones de tu vida y no repitas errores; aprende rápido, comete errores nuevos.
Hay muchos; cuantos más errores diferentes cometas, más aprenderás.
Si quieres que en tu vida suceda algo diferente, piensa algo diferente, haz algo diferente, y sobre todo, siente algo diferente.
En palabras de Pema Chödrön:

«Nada se va hasta que nos haya enseñado lo que necesitábamos saber».

## 300.ª cita contigo

# *Lo que hoy no entiendes mañana tendrá una explicación*

★

Hay muchas cosas que ocurren en tu vida
y que no puedes entender.
Algunas un día tendrán sentido, otras no tienen respuesta
para ti y tienes que aprender a vivir con ellas.
El tiempo ayuda a ordenar el caos, a calmar la
incertidumbre, a iluminar el camino hacia atrás para que
puedas entender muchas cosas que no puedes ver hoy.
Porque miras con ojos de «lo que quieres».
Porque impones «lo que debe ser» a lo que es.
Porque tus deseos no te dejan aceptar la realidad.
Lo que hoy no entiendes, mañana tendrá una explicación.

La vida tiene sentido cuando
miras hacia atrás.
Lo difícil es darle sentido
mirando hacia delante.
Confía.

### 301.ª cita contigo

# Di lo que sientes
★

Dentro de cada persona hay un mundo paralelo
de palabras que nunca se dijeron.
Los «te quiero» sin salida.
Los «perdóname» sin camino de vuelta.
Los «todo va a ir bien» que tantas veces sostienen el mundo.
Y se quedaron ahí, en ese mundo que nunca
se hizo realidad.
En el mundo de las palabras no dichas,
del amor no compartido.
Y las personas que se fueron, no se llevaron nada.
Y las personas que aún están, tampoco.
Di lo que sientes.
Todo lo que sientes por alguien ya no es tuyo, es del otro.
Le corresponden esas palabras, ese abrazo, ese mundo
de sentimientos que ha despertado en ti.

No te quedes nada que no sea tuyo.
Dale a cada persona todo lo que
te hace sentir.

## 302.ª cita contigo

# *Eres libre cuando nadie tiene poder sobre ti*

★

Crees que eres libre, pero no lo eres.
Mientras haya personas que puedan hacer de tu paraíso un infierno, eres esclavo de ellas.
Mientras haya situaciones que puedan contigo y te hagan perder el equilibrio, eres esclavo de ellas.
No eres tan libre como piensas. Pero siempre puedes serlo.
Eres libre cuando nadie provoca en ti una reacción instintiva o descontrolada, porque entiendes que lo que te hace a ti, se lo hace en realidad a sí mismo.
Eres libre cuando nada de lo que pase pueda desequilibrarte o hacerte sufrir, porque aceptas lo que pasa y fluyes con ello.
Tú eres el dueño de tus emociones y de cómo interpretas lo que pasa, y tienes el poder de decidir lo que los demás pueden provocar en ti.

Eres libre cuando nadie tiene el poder de provocarte una tempestad.

**303.ª cita contigo**

# *Todo pasa y todo cambia.*
# *Nada permanece*

★

Pasas mucho tiempo de tu vida deseando que algo llegue.
Lo esperas con ganas, con nervios, con impaciencia,
mientras pasan los días sin darte cuenta de lo que estás
viviendo, porque estás deseando que llegue.
Cuando llega lo que esperas, pasa rápido, efímero,
sin darte cuenta de lo que estás viviendo, porque mientras
lo vives, estás deseando que no pase.
Todo pasa. Todo cambia. Nada permanece.
Hasta lo que te gusta.
Hasta lo que no te gusta.
La vida se merece vivirla así, entera,
aceptando lo malo para poder disfrutar de lo bueno;
viviendo lo que no te gusta y disfrutando lo que más te gusta.
Porque todo pasa rápido. Porque la vida se va
y no te enteras.

Porque nada permanece.
Y tú tampoco.

## 304.ª cita contigo

# *Sentir tristeza no es malo, quedarse a vivir ahí, sí*

★

Parece que estar triste es malo.
De hecho, a veces te sientes mal de sentirte mal.
O te sientes triste porque has notado que te sientes triste.
Esto es lo que complica la situación.
Cuando algo es, déjalo ser.
Si te sientes triste, no pasa nada, todo está bien.
Sentir tristeza te está diciendo algo; te sientes así
porque quizá has vivido algo como una pérdida
o una ruptura, y la emoción de la tristeza aparece para
informarte de que en ese momento te sientes vulnerable,
pequeño, roto. Y desde ahí puedes hacer muchas cosas:
reflexionar, pensar, conectar contigo, conocer tu oscuridad,
abrazar tu vulnerabilidad.
Te invito a vivir la tristeza cuando sientas tristeza,
igual que vives la alegría cuando sientes alegría.
En palabras de Zig Ziglar:

«No te ahogas al caer al agua.
Sólo te ahogas si te quedas allí».

## 305.ª cita contigo

*Hasta que no te vacíes de todo lo que te hace daño, no podrás llenarte de todo lo que te hace feliz*

★

En tu vida tienes que aprender a hacer espacio
para lo que quieres y dejar ir lo que no quieres.
Deja de pensar en todo eso que te hace sentir mal,
deja de anticipar lo peor, e invierte la misma energía
en pensar bien, en lo positivo que puede pasar,
en lo que sí puedes conseguir.
Deja de creer en todo eso que lleva toda tu vida haciéndote
sentir pequeño y ábrete al universo de posibilidades
que hay en ti.
Deja ir todo lo que no, para hacer sitio a lo que sí.
A lo que sí quieres.
A lo que sí te mueve.
A lo que sí te hace feliz.

Vacíate de daños y llénate de sueños.

## 306.ª cita contigo

# *La vida es el camino que recorres entre un sueño y otro*

★

La vida es el camino para cumplir sueños.
¿Qué sería de la vida sin sueños?
Sin la posibilidad de imaginarte consiguiendo
aquello que quieres.
Sin poder visualizar lo que quieres ser, donde quieres llegar,
lo que quieres tener.
Soñar le da sentido a la existencia,
te llena de ilusión, de energía, de posibilidad.
Cuando no te permites soñar,
tampoco te permites conseguirlo.
La vida es el camino que recorres entre un sueño y otro.
No tengas miedo de soñar:
tus sueños te ayudan a crear tu realidad.

Tus sueños crecen tanto
como te permitas soñar.

### 307.ª cita contigo

# ¿Cuántos «no puedo» te vas a poner hoy?
★

Cada excusa que te pones es un miedo disfrazado
de imposibilidad.
Tus miedos te alejan de lo que puedes ser,
de lo que puedes conseguir, te alejan de ti.
Cada vez que te dices «no puedo», en realidad
te estás diciendo «tengo miedo».
Todo el mundo tiene miedo.
Pero hay quien sabe conquistarlo y cambiar
los «no puedo» por «creo en mí».
Ésos son los que lo consiguen.

Desnúdate de miedos.
Vístete de posibilidades,
y haz con tu «creo en mí»
tu mejor traje.

### 308.ª cita contigo

# *Cuando la vida te regala felicidad, sólo te queda disfrutar y vivir*

★

Pasamos tanto tiempo intentando afrontar el sufrimiento
y superando obstáculos, que cuando la vida nos regala
felicidad, no sabemos qué hacer.
La miras con miedo.
La tocas de refilón, por si no es de verdad.
La vives de puntitas, por si decide irse, que no duela mucho.
Y se va. Y por eso sientes tantas veces que no eres feliz.
Porque cuando la felicidad viene a verte,
no sabes qué ponerte.
Quizá todo es más fácil.
Quizá sólo se trata de abrirle la puerta, invitarla a pasar,
aunque sabes que no va a quedarse.
Cuando la vida te regala felicidad, sólo trata
de disfrutarla y vivirla.

Y dejar que se vaya,
pero sabiendo que volverá, como vuelve
siempre.

**309.ª cita contigo**

# Prueba dejar de sufrir la vida para empezar a vivirla

★

Prueba dejar de quejarte, a ver qué pasa.
Prueba dejar de mirar lo que no te sale bien,
a ver qué cambia.
Prueba dejar de atender lo que no tienes,
a ver si puedes ver lo que tienes.
Prueba dejar de sentirte mal por lo que pasa,
cuando puedes aceptarlo y volver a empezar.
Prueba dejar de aferrarte a lo que ya se fue y abrazar
lo que tienes, lo que llega, lo que está por venir.
Prueba dejar de sufrir y fluir.
Deja de sufrir donde puedes vivir, porque estás perdiendo
vida, estás invirtiendo energía en el lugar equivocado,
y, como dice Ángel Gabilondo:

«Sufrir no garantiza nada».

310.ª cita contigo

Mantra:

*Te amo*

(mírate en el espejo y repítelo varias veces)

★

### 311.ª cita contigo

# Di «hola» a tu niño interior

★

Quizá llevas tiempo sin verlo, pero está contigo, en ti.
A veces se encuentra perdido.
Cuando no recuerdas recordarlo, se esconde,
y lo que no se recuerda, duerme.
Pero nunca muere. Sigue en ti.
Cuando lo abrazas, te inunda lo que siempre
ha estado contigo.
La ilusión de mirar por primera vez lo que siempre has visto.
El amor que vive en ti pero a veces te cuesta encontrar.
La inocencia de entregarte a la vida sin máscaras
y vacío de miedos.
La grandeza de soñar alto en el mundo de «todo es posible».
Di hola a tu niño interior.
Tómalo de la mano y pídele que te acompañe
a ese encuentro.
Quizá hace mucho que no lo ves,

pero nunca es tarde y siempre es el momento
de encontrarte contigo.

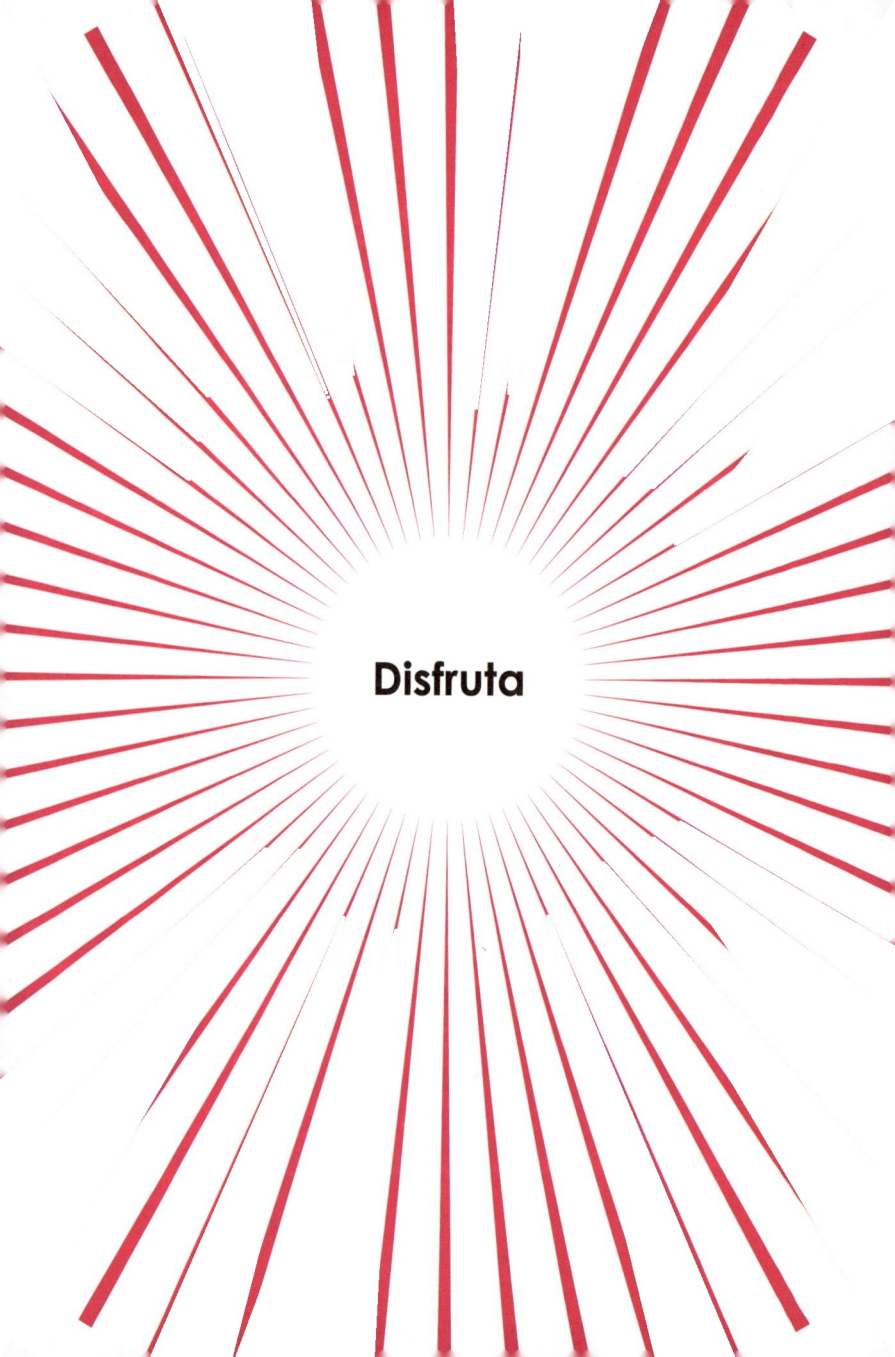

**Disfruta**

**312.ª cita contigo**

# *Tú eres lo único que falta en tu vida*

*(Osho)*

★

Todo este tiempo buscando algo que no encuentras
porque no sabes dónde buscar.
Ni lo que buscas.
Ni si lo encuentras.
Quizá porque buscas más de lo que escuchas;
quizá porque encuentras y no lo ves.
Sientes que te falta algo y buscas fuera
todo lo que ya eres dentro.
Quizá te falta aprender a escuchar(te).
Quizá te falta aprender a mirar(te).
Quizá necesitas dejar de buscar
para aprender a encontrar(te).
En palabras de Rumi:

«Tú eres lo que estás buscando».

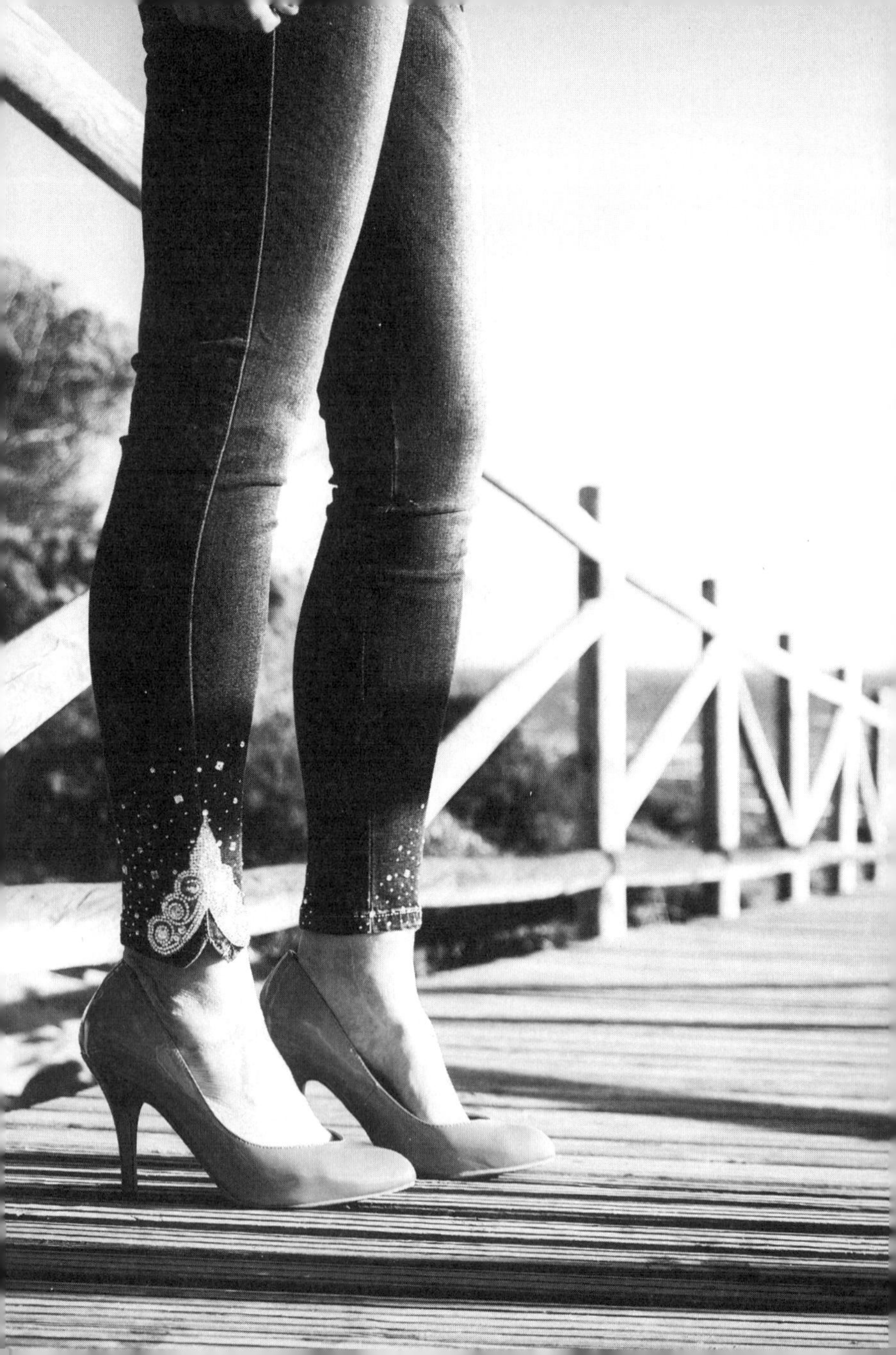

### 313.ª cita contigo

# *Elígete*
# *y apuesta por ti*
★

Deja de poner excusas a tus propios sueños y hazlo.
Cuenta contigo.
Escúchate.
Confía en ti y en lo que quieres.
Date la oportunidad de elegirte.
Elígete y escucha lo que tienes que decir, eso que siempre
dices pero que nuca haces porque no ves el momento.
Elígete y mira de la forma que quieres ver,
esa que te empodera y hace que llegues donde siempre
has querido llegar.
Elígete y apuesta por ti, cree con determinación
en lo que quieres, camina con firmeza sobre tus pasos,
permanece hasta conseguirlo porque sabes que puedes,
porque sientes que quieres, porque es para ti.

Elígete, cree en ti, apuesta por ti.
Confía en todo lo que eres para darte
la oportunidad que mereces.

## 314.ª cita contigo

# *Deja ir tu pasado para que no ocupe espacio en tu presente y no te distraiga de tu futuro*
★

A veces le damos tanta importancia al pasado que
nos limitamos a creer que sólo puede ser lo que fue, sin más.
El pasado es eso; pasado. Ya no está.
Tiene el poder sobre ti que le quieras dar.
No puedes hacer nada con él; sólo aceptar y superar.
Tú ya no eres lo que eras.
No te pareces en nada a quien eras hace diez años,
ni cinco, ni dos.
Eres quien cada día te propones ser, avanzando
y mejorando en lo que quieres mejorar.
El pasado es tu maestro para aprender, tu experiencia
para crecer, tu guía para recordar de dónde vienes
y lo que eres capaz de superar.

La clave está en vivir con el corazón
en el ahora y tu mirada en el mañana,
construyendo con cada paso
lo que quieres que sea.

### 315.ª cita contigo

## *Disfruta lo mejor que tienes.*
## *Aprende de lo peor que pasa.*
## *Vive el momento presente*

★

Si algo hemos aprendido con el tiempo, es que todo pasa.
Vivir cada momento de la vida con la idea de que todo pasa se convierte en «esperanza» cuando las cosas van mal, y en «disfrutar el momento» cuando las cosas van bien.
Si estás viviendo algo malo, difícil, doloroso, recuerda que lo mejor que puedes hacer, dentro de lo peor, es aprender de ello.
¿Qué te está enseñando eso que estás viviendo?
¿Qué te enseña sobre ti, sobre los demás, sobre la vida?
Si estás viviendo un momento bonito de tu vida, sólo disfruta, sin miedos, con todos los sentidos.
Llénate de esa vida que te da lo bueno, la alegría, la felicidad.

Recuerda que todo llega y todo pasa,
y lo único que tienes se llama *ahora*.

## 316.ª cita contigo

# El mejor regalo que puedes hacerte: creer en ti

★

Cuando eres capaz de creer en ti, nada puede contigo.
Los obstáculos y las dificultades se reducen ante una persona que cree en sí misma.
Parece que el universo juega a tu favor
cuando crees en ti mismo.
Creer en ti mismo tiene el poder
de acercarte a aquello que quieres,
de hacerte sentir capaz de conseguirlo,
de llenarte de energía que te mueve a hacerlo,
de superar cualquier obstáculo porque crees que puedes,
de llevarte más lejos de lo que llegaste a imaginar,
de que el mundo también crea en ti.
Todo lo que creas de ti,
la vida te lo mostrará de alguna manera.

Cree en ti,
incluso cuando dejes de creer en ti.

**317.ª cita contigo**

# Si te preguntas si eres feliz, es que no lo eres

*(Krishnamurti)*

★

Probablemente, cuando te paras a preguntarte esto,
es que ya no lo eres.
Si estás feliz, no se te ocurre preguntarte si estás feliz.
La pregunta surge cuando no lo estás.
La felicidad en realidad está dentro de ti, ya eres, ya está.
Pero funciona como un interruptor; te conectas
y te desconectas de ella.
Tienes miedo a la pregunta porque temes la respuesta.
Y lo que viene después de la respuesta es tan difícil
y tan sencillo como una decisión, cambiar de lugar
o aprender a mirar diferente lo que ya está.
Pero felicidad ya eres. Está en ti.
En palabras de Krishnamurti:

«Tú ya eres felicidad.
Sólo tienes que aprender a conectar contigo».

## 318.ª cita contigo

# *Hoy no es un día cualquiera.*
# *Hoy es hoy.*
# *Y no se volverá a repetir*

★

Hoy es un día maravilloso.
Hoy es el día.
Porque hoy es hoy.
No es cualquier día; hoy es un día menos de vida,
y un día más de vida.
Quizá sea un día mejor que ayer,
quizá algo peor que ayer,
pero es diferente, es único, y por tanto, es maravilloso.
Tienes la oportunidad de vivirlo como es,
entregándote a la magia de vivir algo que nunca será igual.
Siempre es diferente. Porque siempre es único.
Mira cada día con ojos nuevos, abrázalo como un regalo,
vívelo con la gratitud del que vive algo que nunca más
se repetirá.

Porque nunca serás como eres hoy,
y lo que estás viviendo, tampoco.

**319.ª cita contigo**

# Ámate como eres

★

No eres lo que te dicen que eres.
No eres lo que se supone que tienes que ser.
Eres lo que eres, y lo que quieras ser.
No te pareces a nadie. Ése es tu poder.
Ámate como eres, siendo quien eres.
No esperes la aceptación de los demás,
busca encontrarte contigo y aceptarte
desde el amor incondicional.
Libre de condiciones, libre de juicios
y repleto de razones para hacerlo.
Ámate como eres, no como los demás quieren que seas.
Seres perfectos parece que hay muchos;
tu imperfección te hace único.

Ámate como eres; eres perfecto así
cuando eres tú.

## 320.ª cita contigo

# Respira
★

Recuerda acordarte de respirar.
De parar el ritmo de tus días.
De tomar consciencia de lo que estás viviendo ahora.
Respira para ser consciente de ti.
De lo que sientes ahora.
De lo que eres en este instante.
De quién eres en este momento.
Respira para permitirte ser
y para nada más.
Nada más importa, sólo recordar no olvidar lo importante.
Eso que se te olvida cuando vives con prisas,
cuando corres sin pensar, cuando piensas sin sentir.

Sólo respira.
Y siente cómo se llena tu vida de ti.

**321.ª cita contigo**

# Si algo te hace daño, despierta, aprende y muévete

★

Estás donde estás porque eliges estar ahí.
Si estás con una persona que te hace daño, eres tú quien
sigue eligiendo estar a su lado, a pesar del dolor.
¿Qué te hace mantenerte ahí?
Si estás en un trabajo que te hace daño,
en un entorno tóxico o donde no te permiten desarrollarte,
recuerda que sigues eligiendo quedarte ahí.
¿Qué miedo te impide salir de ahí?
Despierta. No cierres los ojos a tu propia vida,
a tus emociones y a tus sueños. Si algo te hace daño,
abre los ojos a ti y míralo.
Aprende. Utiliza lo vivido para aprender de la experiencia,
recordar lo que siempre y lo que nunca más,
y hacerte más fuerte.
Muévete. Tienes la posibilidad de elegir cada día,
cada segundo, lo que estás viviendo.
Dónde estar y con quién estar.
A quién dedicar tu tiempo de vida.

No dejes en manos de otros
lo que ahora puedes elegir tú.

### 322.ª cita contigo

## *Quiérete libre*
★

A veces le tienes miedo a tu propia libertad.
Ser libre tiene el precio de tener que elegir,
y ésa es una responsabilidad que no todo el mundo quiere.
El camino fácil es quedarte donde estás, aunque no quieras,
porque es más fácil conformarte que cambiar.
Quiérete libre.
Entre el *debo* y el *quiero* está tu libertad.
La libertad de elegir, la libertad de saberse libre.
No te encadenes a lo fácil por miedo a lo difícil,
porque al otro lado están tus sueños.
Huye de la comodidad con cadenas y encuéntrate contigo
alzando el vuelo, libre, decidiendo, eligiendo.

Hay algo peor que una jaula:
saber que estás ahí y no salir de ella.

## 323.ª cita contigo

# *Cree más en lo que sientes que en lo que ves*

★

«Sólo se ve bien con el corazón,
pues lo esencial es invisible a los ojos»,
decía Saint-Exupéry.
Y es que el corazón no falla.
El corazón es tu brújula, la que te indica el camino
si aprendes a escucharlo. Para entenderlo,
a veces tienes que cerrar los ojos.
Porque los ojos se distraen en las apariencias,
y el corazón sólo ve la esencia.
Porque la mente se centra en lo que quiere ver,
mientras el corazón sólo ve el corazón.
Cree en lo que sientes más que en lo que ves,
porque tu corazón sabe el camino.

... y entonces cerró los ojos
para no volver a equivocarse.

## 324.ª cita contigo

# *¿Y si en vez de pensarlo tanto lo haces?*

★

El exceso de reflexión inhibe la acción.
Cuando lo piensas mucho, nunca encuentras el momento perfecto para hacerlo.
La reflexión es clave para enfocar la acción,
para dar los pasos que te acerquen a aquello que quieres,
pero no lo pienses demasiado.
Nunca será el momento perfecto.
Nunca te sentirás totalmente preparado.
Siempre sentirás que te falta algo.
Siempre habrá alguien que lo haga mejor que tú,
que sepa más que tú.
Pero no eres tú.
No pierdas tiempo y energía centrando tu atención
en lo que te hace sentir pequeño o te limita; céntrate
en lo que sí tienes, en lo que sí eres.
Fuerza, ilusión, motivación, ganas.
Con estos ingredientes puedes comenzar a aprender.

Da el primer paso ahora
e irás haciendo el camino con cada paso.

**325.ª cita contigo**

# Perderse es un paso para encontrarse

★

Con nuestra necesidad de control, hay pocas cosas
en la vida que nos aterren más que sentirnos perdidos.
Perderte también es un camino, muchas veces para llegar
a ti mismo.
Perderte para encontrarte.
Caerte para levantarte.
Pero cuando te encuentras, te encuentras diferente.
Cuando te levantas del suelo, ya no eres la misma persona.
Todo lo que vives te transforma.
Aprender también es aprender a equivocarte
y que no pase nada. Perderte, y entender que era para
buscar el camino de vuelta.
Caerte, y comprender que era una forma de salir
de algo que no era tu sitio.
Estamos aprendiendo a vivir, aprendiendo a amar,
aprendiendo a encontrarnos por el camino.

Tú siempre serás el camino de vuelta.

## 326.ª cita contigo

# *Hazte feliz*
★

La vida es eso.
Abraza lo que tienes.
Disfruta lo que eres.
Sonríe con lo que hace sonreír.
Comparte con quien quieres.
Ama a quien amas.
Emociónate con lo que te emociona.
Vive lo que te hace vivir.
Siente todo lo que te haga sentir.
Baila lo que te haga bailar.
Piensa lo que te haga vibrar.
Sueña lo que te haga soñar.
Quizá hacerte feliz no es tan difícil.
Quizá tienes en tus manos hacerlo más sencillo.

Respira y recuerda
el regalo que es
vivir.

**327.ª cita contigo**

# *Incondicional es saber que estarás siempre contigo*
★

Incondicional es ser sin condición.
Es estar cuando las cosas van bien
y cuando las cosas van mal.
Es saber que, incluso en la adversidad,
nunca vas a soltar tu mano.
Es acompañarte cuando tienes miedo, cuando te fallas,
o cuando dejas de quererte un poco.
Es creer en ti incluso cuando no crees,
confiar con los ojos cerrados, sentir la certeza de que,
aun cuando no puedas verte, estás ahí.
Vivirte incondicional es saber que vas a estar ahí
pase lo que pase, siempre, contigo.

Siempre estaré ahí
cuando me necesite(s).

## 328.ª cita contigo

# *Hasta los días malos tienen cosas buenas*
★

La única forma de ver todo diferente
es cambiar tu forma de mirar.
Cuando algo va mal, enfocas toda tu atención
en eso que fallas y dejas de mirar lo que está bien.
Es como si el error ocultara el acierto,
como si lo malo escondiera lo bueno.
Esa forma de mirar te ciega de la realidad.
En todo lo bueno hay algo malo,
y en todo lo malo hay algo bueno.
Los días malos también están llenos de sonrisas por
el camino, de palabras de aliento de quien te escucha,
de miradas de apoyo de quien te quiere.
Aunque no puedas verlo, porque sigues mirando lo que no.

Hasta los días malos tienen cosas buenas.
Aprende a mirar.

### 329.ª cita contigo

# *No decidir también es decidir*

★

No existe la no decisión; lo que no decides,
ya se está decidiendo.
Cuando prefieres no dar una respuesta,
el silencio ya decide por ti.
Parece más cómodo (creer) no decidir,
porque te ahorras muchos cambios;
tras una decisión viene una acción.
Y el cambio requiere mucha energía para adaptarte
a lo nuevo.
Por eso es más cómodo no decidir, dejarte llevar,
que decidan otros.
Pero cuando crees no decidir, en realidad estás decidiendo
quedarte donde estás, aunque no te guste.
Todo lo que no decides decide por ti.
Todo lo que no eliges elige por ti.

Cada decisión y cada no decisión está creando tu vida, está creando el camino por el que vas a ir.

330.ª cita contigo

Mantra:

*Amo sin poseer.
Vivo despierto.
Disfruto sin depender.
Confío*

★

**331.ª cita contigo**

# Mira la vida desde tus fortalezas

★

Eres más de lo que crees.
Cuando te miras, no te ves.
Ves en ti lo que aprendiste a ver, lo que aprendiste que eres,
pero eres más de lo que puedes ver en ti.
Estás lleno de fortalezas.
De capacidades.
De posibilidades.
Todo lo que está en ti que te hace especial, que te ayuda
a conseguir tus objetivos, que te ayuda a superar obstáculos,
que te hace diferente a los demás, son tus fortalezas.
Si miras la vida desde ahí, desde lo que sí tienes,
desde lo que sí puedes, desde lo que sí eres,
te sentirás más fuerte, con más posibilidades, más capaz.
Hay algo mágico en mirarte desde tus fortalezas,
y en mirar a los demás desde lo que sí pueden,
sí saben, sí son.

Ayuda a construir el castillo más alto,
a recorrer el camino más largo
y a saltar el más difícil de los obstáculos.

## 332.ª cita contigo

# *Cuanto más positivo, más posibilidades*

★

Pensar en positivo te hace incrementar
las posibilidades de conseguirlo.
Te prepara para la acción con más determinación,
aumentando la perseverancia en el camino, y te mantiene
en él con más posibilidades de acercarte al resultado.
Si piensas que puedes, lo seguirás intentando.
Si piensas que no puedes, ante la primera dificultad
cambiarás de rumbo. En positivo:
eres más,
piensas mejor,
tienes más energía,
emociones potenciadoras,
creencias expansivas,
mejores resultados,
mejor vida.

Vivir en positivo es elegir pensar, hacer,
sentir lo bueno de la vida y acercarte más
a conseguirlo.

**333.ª cita contigo**

# *No te hace daño la realidad, sino lo que opinas de ella*

★

¿Qué estás viviendo ahora mismo?
Lo que vives no es la realidad,
es la forma en la que dejas que lo que pasa llegue a ti.
Tu experiencia interior está marcada por cómo miras
lo que pasa, desde dónde lo miras, cómo lo interpretas,
cómo lo sientes, a qué lo asocias. Y, después de eso,
lo haces tuyo.
Por eso tu realidad es eso, sólo tuya.
Cada persona se crea su propia realidad,
su propia versión de lo que pasa, su propia visión del mundo.
Cuando algo te hace daño, no te hace daño lo que pasa,
sino cómo interpretas lo que pasa.
Está filtrado por tu visión del mundo,
por eso se puede cambiar.
Cambia de perspectiva. Empatiza.
Ponte en un lugar diferente para mirar. Observa sin juicio.
Míralo como si fueras otro.

Si tu mirada cambia, todo cambia.

## 334.ª cita contigo

# *Enamórate de ti*
★

«Ningún amor no correspondido puede matarte,
salvo aquel que no sientes por ti mismo», dice Marwan.
Porque nada hace más daño que ser infiel a uno mismo,
que no amarse, que no ponerse primero en el amor,
que elegir mal a quién te entregas.
Como recoge Ernesto Pérez Vallejo,
«Enamorarse de la persona equivocada
es desenamorarse de uno mismo».
Te enamoras con una facilidad asombrosa
de otras personas, de lugares, de cosas; sin embargo,
te lleva toda una vida poder enamorarte de ti.
Te cuesta ponerte primero en la ecuación del amor,
recordar no olvidarte de ti cuando te entregas,
amarte primero para poder compartirte completo
y no a trozos.
Enamórate de ti.

El día que te enamores de ti
despertarás a la vida.

### 335.ª cita contigo

# *Tu mayor compromiso es contigo mismo*
★

«Sé suave, no dejes que el dolor te endurezca.
No dejes que el dolor te haga odiar,
no permitas que la amargura te domine.
Crea tu propia belleza, una que no se pueda definir
con palabras, y cultívate con los pequeños detalles.
Porque sólo se ve bien con el corazón, pues lo esencial
es invisible a los ojos.»
Estas palabras que nos regala Saint-Exupéry recuerdan
que tu mayor compromiso es contigo.
No importa lo que pase fuera.
No importa lo que los demás digan, piensen, crean.
Importa lo que tú quieras que importe, lo que cultives,
lo que hagas que pase.

Todo lo que inviertas en ti te hará crecer,
te hará cuidar tu belleza interior,
te ayudará a mejorar tu mundo.

## 336.ª cita contigo

# *Recuerda aquello de lo que te sientes orgulloso*

★

Tus metas, tus objetivos, lo que deseas conseguir,
pasan de ser soñados y deseados a un segundo plano
en el olvido cuando has sido capaz de conseguirlo.
¿Por qué?
Vives rápido. Casi no has conseguido una meta cuando
ya estás mirando la siguiente.
No te has permitido disfrutar de ella, de haberla conseguido.
No te has acordado de sentir lo que se siente cuando
se llega ahí, de vivir el momento de satisfacción de tenerlo
en tus manos más de dos minutos, porque ya estabas
pensando en la siguiente.
Mira hacia atrás y siéntete orgulloso de todo
lo que has conseguido hasta hoy. De lo aprendido,
de lo conseguido, del camino.
Disfruta de lo que se siente siendo quien eres,
aprendiendo lo que has aprendido, viviendo lo que
has vivido.

Siéntete orgulloso de todo lo que eres tú.

**337.ª cita contigo**

# Eres lo que eres más lo que puedes llegar a ser

★

No eres lo que eras.
Eres lo que eres más lo que puedes llegar a ser.
Tu pasado no determina tu futuro.
Sólo aquello que haces, que dices, que piensas,
que sientes hoy determina quién serás mañana.
Haz lo que quieras de ti.
Crea tu propio mundo, en el que puedas ser tu mejor versión,
para luego compartirla con los demás.
Invierte en tu belleza interior, en tener un corazón lleno de
espacio para acoger a cada persona que pasa por tu vida.
Siente en positivo, piensa en posibilidades y en cómo puedes
mejorar tu vida y la de los demás.
Invierte en ti.

Cada día es una nueva oportunidad
de ser tú.

### 338.ª cita contigo

# Ponte en valor
★

No eres consciente de tu valor.
No sabes lo que vales, no eres capaz de mirarte como eres.
No, no eres el valor de tus títulos, de tus formaciones
o de los años que tienes.
Eres mucho más que eso.
Cada una de tus heridas tiene un valor incalculable
antes de convertirse en cicatriz.
Cada una de tus caídas te ha dado un aprendizaje único
antes de convertirse en experiencia.
Ponte en valor.
Siente tu valor.
Grita al mundo quién eres, cómo eres,
con todo lo que te hace ser tú.
Tus sueños, tus años, tus daños, tus caídas,
tu aprendizaje y todo lo que te queda por sentir.
Nada tiene la suficiente capacidad de hacerte pequeño.

Tendrás tanto valor como aprendas a darte.

**339.ª cita contigo**

# ¿Cuándo fuiste valiente por última vez?

★

La vida se trata de arriesgarse.
De ser valiente para vivirla, arriesgando la comodidad
por lo diferente, lo conocido por lo desconocido,
lo cierto por lo incierto.
Ten la valentía de hacer algo que nunca has hecho.
De sentir lo que nunca has sentido.
Valiente para dar el paso que nunca te atreviste a dar.
Valiente de superar alguno de tus miedos,
esos que te bloquean y no te dejan volar.
Valiente de mostrarte al mundo como eres,
brillar siendo quien eres y dar un paso adelante creando
el camino hacia tus sueños.
Sé valiente hoy. Sé valiente cada día.
Haz algo cada día por primera vez,

y haz de cada día el día más valiente
de tu vida.

## 340.ª cita contigo

# Encuentra tu camino
★

Es más fácil seguir a otros que buscar tu camino.
Prefieres seguir las huellas de los demás
que pisar donde nadie ha pisado antes.
Es más fácil seguir a los demás sin preguntar
que pararse a preguntarse si de verdad quieres ir por ahí.
Tu camino sólo puedes crearlo tú.
Nadie puede opinar por ti, decidir por ti o caminar por ti.
Por eso no dejes que nadie te diga por dónde tienes
que caminar, qué camino elegir y qué huellas pisar.
Cuando decides elegir un camino,
eso implica decir no a otros.
A otros caminos, a otras personas,
con la fuerza de la determinación de dejar tu huella
en el mundo, creando el camino que de verdad sientes.

Encuentra tu camino.
Nadie puede caminar por ti.

### 341.ª cita contigo

# ... y ese día descubrió que su mayor error fue su mayor acierto

★

Los errores son una oportunidad para empezar de nuevo.
Te muestran la salida del camino elegido
para que puedas volver a elegir.
Te dan la oportunidad de aprender de lo que has hecho,
de lo que has decidido, para que puedas volver a hacerlo
con más precisión.
Un error te enseña a acertar,
porque un error ya es un acierto; te hace estar más
preparado, más consciente, más capaz.
Cada error puede ser tu mayor acierto,
si aprendes lo que te quiere enseñar.
Cada vez que te equivocas,
aprendes a equivocarte diferente.
Te levantas de lo que has pasado y te preparas para
lo que puede llegar.
En palabras de Benjamín Prado:

«Cada golpe que recibes
es un golpe que aprendes a esquivar».

## 342.ª cita contigo

# *Elige ser responsable de lo que eres. De lo que consigues. De lo que tienes*

★

Vivir eligiendo
es llevar las riendas de tu vida.
Si no las llevas tú, lo harán otros por ti.
Por eso elige ser responsable de lo que eres,
de lo que consigues, de lo que tienes.
Lo que eres es gracias a lo que quieres ser,
a lo que te permites ser, a lo que dejas que te afecte
o te influya. Puedes elegir cada momento lo que quieres ser,
qué mundo quieres vivir por dentro y qué mundo quieres
crear fuera de ti.
Eres responsable de lo que consigues, porque en tus manos
está lo que haces, lo que decides y lo que decides no hacer.
Con cada paso creas tu vida.
Eres responsable de lo que tienes. Si te gusta o no te gusta,
recuerda que, en gran parte, lo has elegido tú. Tu trabajo,
tu casa, tu pareja; son reflejo de lo que eliges tener.

Si no te gusta un camino,
elige otro.

**343.ª cita contigo**

# Cuando niegas lo que te pasa, niegas también una parte de ti

★

Es más fácil cerrar los ojos a las sombras.
Negar lo que no te gusta, de lo que no te sientes orgulloso,
todo eso que te hace daño saber que está ahí,
eso que pasa que no quieres que pase,
eso que eres que no quieres ser.
Todos tenemos esas sombras, pero recuerda que justamente
son tus sombras lo que da sentido a tu luz.
Esa luz que eres te sirve para iluminar las sombras,
para aprender a mirarlas diferente, acogerlas con amor,
e integrarlas en tu vida, como parte de ti.
Eso también eres tú.
Cuando niegas lo que te pasa,
niegas también una parte de ti.
Cuando aceptas lo que te pasa, te estás aceptando.

Aceptarse es el primer paso para cambiar.

**344.ª cita contigo**

## Hoy suelta cualquier miedo que te impida estar equilibrado

★

Si hay algo cierto en los miedos, es que te dejan anclado en lo que no quieres, y te impiden hacer lo que quieres.
Por miedo a caer, no vuelas.
Por miedo a que te dejen, no amas.
Por miedo a lo que no conoces, no sales de donde estás.
Por miedo a conseguirlo, no lo haces.
Por miedo a no conseguirlo, tampoco.
Por miedo al miedo, huyes de ti.
Por miedo a equivocarte, no decides.

Recuerda que no eres tu miedo,
eres lo que haces con tu miedo.

### 345.ª cita contigo

# *Da valor a las pequeñas cosas que tienes alrededor*

★

Cuando deseas lo que no tienes, por un lado enfocas tu
mente en lo que quieres conseguir,
pero por otro dejas de ver lo que tienes,
contigo, cerca, en ti.
A veces hay que hacer un ejercicio de mirar para ver,
y ver para valorar.
Valorar lo que tienes alrededor y apenas ves; dónde vives,
el clima que has creado en tu hogar,
cómo huelen las flores que pones en el salón.
El mensaje que recibes cada mañana para preguntarte
cómo estás, quien te manda una canción porque
se acordó de ti.
Aprender a ver quién está siempre contigo cuando
lo necesitas, cuando te caes, los días tristes,
los días alegres. Parece que por estar ahí,
ya es para siempre. Pero nada lo es.

Da valor a lo que tienes y te darás cuenta
de que lo que más valor tiene,
no son cosas.

## 346.ª cita contigo

# *Aprende del dolor y déjalo ir*

★

Cuando te quedas pegado al dolor y no lo dejas ir,
te pierdes de la vida, y también te pierdes de ti.
Aferrarte a lo que te hace daño es otra forma
de alejarte de ti.
Cuando sientas dolor, siente el dolor.
No lo rechaces; todo lo que te esfuerzas por rechazar,
se esfuerza por quedarse.
No tengas miedo de sentirlo; tienes que sentirlo para
que te enseñe lo que tienes que aprender,
y sólo cuando lo haga, podrás dejarlo ir.
Aprende lo que el dolor te enseña.
De ti, de la vida, de los demás.
Si te resistes a él, lo convertirás en sufrimiento.
Si duele es porque amas.

Siente el dolor, vive el dolor,
agradece lo que te está enseñando,
y déjalo ir.

### 347.ª cita contigo

# Aprender a vivir a veces nos lleva toda una vida

★

Nadie nos enseña a vivir.
Vivir es algo que aprendemos durante la vida,
pero hay quien no aprende a vivir antes de morir.
Vivir se trata de arriesgarte a conseguirlo.
De hacer ahora lo que habías dejado para mañana.
De dar hoy los besos que guardabas para después.
De sentir todo lo que te daba miedo sentir.
De saltar cuando sientas que algo no es para ti.
De volar cuando tropieces con la misma piedra.
De soltar lo que te ata donde no quieres estar.
De aprender a mirarte con la magia que es ser tú.
De no soltar nunca la mano que te agarra fuerte.
Vivir se trata de querer vivir.
En palabras del budista Jack Kornfield:

«Al final, son tres las cosas que importan: cómo hemos vivido, cómo hemos amado y cómo hemos aprendido a dejar ir».

## 348.ª cita contigo

# Cuando cambias por dentro, todo cambia por fuera
★

Si alguien te dice que ya no te conoce,
es probable que ya no seas la misma persona.
Pasa todos los días.
Todo lo que vives, te cambia, te transforma.
Todo lo que te transforma por dentro, cambia por fuera.
Tu forma de sentir ya no es la misma.
Tu forma de mirar ya no es la misma.
Tu forma de vivir, tampoco.
Tienes el poder de cambiar el mundo dentro de ti,
para crear el mundo que quieres fuera de ti.
La única forma de cambiar el mundo es gota a gota, grano a grano, acción a acción, paso a paso, persona a persona.
En palabras de Anthony de Mello:

«Es más fácil ponerte unos zapatos
que alfombrar toda la tierra».

**349.ª cita contigo**

# *Cada día es una nueva oportunidad para crear tu mundo*

★

Hoy es un día maravilloso.
Es un día único, una oportunidad para crear tu mundo.
El mundo que quieres, el mundo que eliges tener.
¿Cómo quieres ser?
¿Qué mundo quieres tener?
Déjame decirte que está en tus manos,
como si crearas un mundo moldeado en plastilina.
Elige el color. ¿De qué color quieres mirar la vida?
Elige la forma. ¿De qué forma será lo que tienes,
lo que quieres, lo que te pasa?
Elige el clima, el sonido, el ritmo, la vibración.
La forma en la que eliges vivir lo que te pasa, lo que eres,
lo que tienes, lo que vives, te permite elegir la forma
en la que vives tu vida, en la que creas tu mundo,
en la que ves el mundo.

Puedes elegir cada segundo
el mundo que quieres vivir.

**350.ª cita contigo**

Mantra:

*Acepto con serenidad y gratitud lo que ya ha pasado y me abro a todo lo que está por llegar*

★

**351.ª cita contigo**

# *Si te abres a la vida, el universo juega a tu favor*

★

Eres parte de todo lo que te está pasando.
De lo que ves, de lo que sientes, de lo que vives.
Puedes ser héroe de tu propia vida, abriendo tu mundo a lo que pasa, a lo que vives, y creando el mejor escenario posible con tu ilusión y tu actitud.
Si te abres a la vida, el universo juega a tu favor.
Abraza lo que llega, agradece lo que se va.
Abrázate a ti mismo cuando las cosas no salgan como esperabas, baila contigo cuando las consigas.
Ábrete a la vida y te abrirás a ti.
En palabras de Louise Hay:

«La vida te trata tal y como tú
te tratas a ti mismo».

## 352.ª cita contigo

*Todos tenemos una historia que define quiénes somos hoy, pero sólo lo que te permites ser hoy determina quién serás mañana*

★

Nada de lo que has vivido en tu pasado tiene la fuerza suficiente para determinar lo que vas a conseguir mañana. Sólo lo que hagas a partir de este momento tiene el poder de acercarte o alejarte de aquello que quieres.
La historia de tu vida te ha traído hasta aquí; las caídas son tus aprendizajes; los errores, tu experiencia; los aciertos, tu confianza.
Pero sólo lo que hagas a partir de hoy determinará dónde estarás mañana.

Elige dar cada paso de hoy
en la dirección de donde quieres estar mañana.

### 353.ª cita contigo

# Vivir es de valientes

★

Decía Marco Aurelio: «Una persona no debería tener miedo a la muerte, debería tener miedo a no empezar nunca a vivir».
Cerrar los ojos a la vida es vivir a ciegas.
No despertar a la vida es vivir dormido.
Hay quien cree que vive, pero vive dormido y camina a ciegas.
Sin rumbo, sin consciencia; sólo es, pero no está.
Vivir es más que eso; vivir es saber que estás vivo y valorar el milagro de vivir.
Es despertar a la vida, es tener la valentía de sentir, de soñar, de intentarlo, de arriesgarte. De equivocarte y volver a intentarlo, de caerte y volver a levantarte.
Atrévete a despertar a la vida.
En palabras de Confucio:

«Tenemos dos vidas. La segunda empieza cuando nos damos cuenta de que sólo tenemos una».

### 354.ª cita contigo

# La confianza tiene más fuerza que el miedo

★

Saber que estás ahí por alguna razón.
Sentir que sí, aunque no sabes por qué.
Saber que puedes, aunque aún no lo hayas visto.
La confianza en ti mismo la estás construyendo
cada vez que te enfrentas a un miedo.
El miedo se hace más grande cuando olvidas confiar en ti,
y te aleja(s) de lo que quieres.
El miedo deja de crecer cuando confías en ti,
y te acerca(s) a lo que quieres.
Ante el miedo a hacerlo, elige confiar en ti.

Tú sabes el camino.
En ti está la respuesta.
Confía.

### 355.ª cita contigo

*Tienes el poder de elegir siempre. A quién escuchar. A quién mirar. A quién seguir*

★

Elige rodearte de los que te dicen que puedes.
No le des a nadie el poder de decidir qué puedes hacer,
hasta dónde puedes llegar o quién puedes ser.
Nadie tiene suficiente poder sobre ti para hacerte sentir
pequeño. Nadie te puede hacer creer que no eres
suficientemente bueno.
¿Cómo dejas que venga alguien y te diga que así no,
que tienes que dejar de ser para llegar o conseguir algo?
Siempre tienes el poder de elegir a quién escuchas
y a quién no, que no está la vida para rodearse
de los que te dicen «no puedes».
Cada día puedes intentar ser un poco mejor,
pero siendo tú, con tu esencia, tu pasado y el futuro
que tú elijas con cada paso.

Sí, tú:
recuerda que no hay nadie como tú.

## 356.ª cita contigo

# *Hoy elijo empaquetar pasados para crear futuros*

★

Elegir es el primer paso para hacerlo realidad.
Hoy elige cerrar las puertas del pasado que te lastra
y abrirlas a lo que está por venir.
Elige decir adiós a todo lo que te impide avanzar
para decir hola a todo lo que está por llegar.
Elige empaquetar pasados para crear futuros.
Agradece el pasado que te ha traído hasta aquí
y déjalo ir para abrazar el futuro
que vas creando con cada paso.

Lo que te cuesta soltar
te está impidiendo crear.
Lo que consigas soltar
te ayudará a volar.

## 357.ª cita contigo

# *... y sólo en la oscuridad podía ver la luz*

★

Donde hay luz, siempre hay oscuridad.
Donde hay oscuridad, siempre hay luz.
Son los momentos de oscuridad los que más te preparan
para vivir la (tu) luz. Como dunas en el desierto,
como una dura travesía que te fortalece
para cuando llegas al destino.
Cuando llegas a la meta, eres otro.
Más fuerte, más consciente, más capaz.
Eso hace la oscuridad contigo.
Te prepara para lo que puede ser.
Te lleva a un profundo encuentro contigo
para acercarte a la voz de tu alma.
Te muestra tu vulnerabilidad, tus sombras,
lo que nunca quieres ver de ti.
Por eso le tienes miedo.
Pero también es el camino hacia la luz; tu luz.
No tengas miedo a la oscuridad, aunque creas que ahí no
puedes ver, porque, como dice Osho:

«En la oscuridad brillan más las estrellas».

## 358.ª cita contigo

# *Lo que tiene que ser buscará la forma para ser*

★

Nada sucede por casualidad.
Estás donde estás, con quien estás, por alguna razón.
Las personas que tienes cerca son las elegidas
para que puedas aprender de ti y de tu experiencia
con ellas.
El tiempo que la vida se toma para que ocurra
lo que quieres que ocurra es el tiempo perfecto.
Algo tienes que aprender en el camino.
Lo que tiene que ser buscará la forma para ser.
No importa si ocurre ahora o más tarde;
lo que la vida te quiere enseñar,
te lo muestra cuando estás preparado para recibirlo.
Cuida tu impaciencia, porque todo llega.
Disfruta los momentos, porque todo pasa.
Vive lo que es, porque todo cambia.

Aprende a vivir lo que ahora está siendo,
mientras llega lo que tiene que ser.

### 359.ª cita contigo

# Regálate la oportunidad de ser tú mismo sin juzgarte

★

¿Qué harías si supieras que tu mayor enemigo vive en casa?
Salir corriendo. Esconderte. Huir.
Eso haces contigo, y de ti.
Eres quien hace los juicios más duros sobre ti mismo,
las mayores críticas, quien te causa el mayor dolor.
Por eso te escondes de ti, prefieres no mostrarte como eres
y jugar a que eres otro.
Regálate la oportunidad de ser tú mismo sin juzgarte.
Quizá es tan fácil como aceptar que eres perfecto
en tu imperfección, abrazar lo que no te gusta, aceptarte y,
desde ahí, querer mejorar para ser tu mejor versión.
En palabras de Alejandro Jodorowski:

«No hay alivio más grande que comenzar a ser lo que se es».

## 360.ª cita contigo

# *Ama la calma.*
# *Acepta la tempestad*

★

Todo es parte del camino.
Lo que te gusta, y lo que no te gusta.
El mar en calma y las olas, la luz y la oscuridad,
la calma y la tempestad.
Nos escondemos de lo que pasa, huyendo
del momento presente.
Disfruta.
Recuerda que es tu primera y última vez viviendo
este momento.
Ya nunca más será así; será otro, diferente.
Cuando vivas la calma, disfrútala.
Tiene mucho que regalarte, tienes mucho que agradecerle.
A la tempestad también. Los momentos difíciles
tienen algo que decirte, mucho que enseñarte;
recíbelos aprendiendo lo que te quieren enseñar.

Cuando todo está en calma; disfrútalo.
Cuando todo se mueve rápido; disfrútalo.
No vivas la calma deseando la tempestad
y la tempestad deseando la calma.

### 361.ª cita contigo

# Hoy elige atención plena. A tu vida. A ti

★

Darte cuenta de lo que eres, de lo que tienes,
de quién está contigo, mientras está,
es aprender a valorar la vida.
Presta atención a quien tienes contigo. Ahora, hace un
momento, y a quien está en tu vida pero no puedes ver.
Eres afortunado; disfruta el regalo que la vida te está dando
en forma de personas.
Presta atención a la vida que tienes,
a cada cosa que haces que por lo común no le das
importancia, y quizá no es tan común.
Presta atención al milagro que eres tú.
A lo que sientes. A lo que vives. A lo que amas.
En palabras de la Madre Teresa de Calcuta:

«Sé feliz en el momento, es suficiente.
El momento presente
es lo único que necesitamos, nada más».

## 362.ª cita contigo

# *Piénsalo un momento: no siempre tienes que hacer lo que crees que tienes que hacer*

★

Todo eso que crees que tienes que hacer quizá
no tienes que hacerlo.
Tu vida está llena de *deberías* y *tengo que*,
y necesita más de *elijo* y *quiero*.
Los debería te alejan de lo que quieres, de lo que eliges;
te alejan de ti, y te acercan a la inconsciencia en tus días:
¿por qué haces eso que haces?,
¿de verdad tienes que hacerlo?
Cuestionarte es el camino para cambiar.
Quizá no tienes que hacer
lo que crees que tienes que hacer.

Asegúrate de vivir una vida
que te acerque a los «elijo»
y te aleje de los «debería».

### 363.ª cita contigo

# ... y que cuando la vida termine, puedas decir: he vivido como quería

★

Quizá la vida es el camino que recorremos
para cumplir los sueños.
Que se acaba cuando menos te lo esperas,
sin preaviso, sin respuestas.
Que se pasa sin que puedas verla,
hasta que despiertas a ella.
Quizá la vida se trata de vivirla intensamente, de desear
para cumplir, de cumplir para sentirte vivo.
Quizá todo puede ser más sencillo, viviendo lo que quieres
vivir, viviendo ahora en lugar de posponer la vida.

Y que cuando la vida termine puedas decir:
viví como quería.
No hay más.

## 364.ª cita contigo

# *... y un día decidió comenzar la historia de amor más bonita de su vida, amándose a sí mismo*

★

Eres hogar. Eres refugio. Eres casa.
Ahora tienes que aprender a vivir en ti.
Mírate; llevas contigo toda tu vida y apenas te conoces,
y pretendes que te conozcan los demás.
Elige ser tu primer amor, elígete como compañero de vida,
elige vivir en ti y hacer de tu alma un hogar.
Conéctate contigo y con lo que eres, y disfruta el camino
de vuelta a casa, de vuelta a ti, para reconectarte
con lo que eres pero ya no recuerdas.
Ámate de verdad para conocer quién eres,
y todo lo que puedes llegar a ser.
Como recoge Charles Chaplin en su preciosa poesía:
«Cuando me amé de verdad,
comprendí que en cualquier circunstancia
yo estaba en el lugar correcto, en la hora correcta
y en el momento exacto, y entonces pude relajarme».

Si quieres amor verdadero,
ámate a ti mismo/a.

### 365.ª cita contigo

## *¿Y ahora qué?*
## *Ahora tú*

★

Ojalá ésta sea la respuesta que elijas
darte cada día de tu vida.
Ojalá cada día recuerdes darte espacio,
regalarte tiempo, la oportunidad de ser tú,
de estar contigo, de recordar no olvidarte de ti.
Ojalá cada día de tu vida te acuerdes de serte fiel,
de dar respuesta a lo que necesita tu alma,
a lo que deseas pero no escuchas, a lo que sueñas pero
tantas veces no crees.
Ojalá te acuerdes de ponerte delante en el orden
de reparto de amor, de atención y de compasión;
de abrazarte fuerte cuando te falles,
de tomarte de la mano cuando tengas miedo.
Ojalá aprendas a elegir para ti las personas adecuadas
que te impulsen alto, que crean en ti más que tú mismo,
que te hagan creer que todo lo puedes.

¿Y ahora qué?
Ahora tú.
Siempre tú.

Mantra:

No digo «me amo».
Digo
«me estoy amando».

Porque el amor se construye ilimitado.
Sin fin.
Todo el tiempo

★

# Gracias

Hoy digo GRACIAS a todos los que me han acompañado en cada uno de mis libros desde 2013. Un camino de aprendizaje y evolución, donde hemos compartido psicología, *coaching*, autoconocimiento, poesía, reinvención. Gracias por formar parte de este camino y seguir haciéndolo posible. Gracias por cada mensaje recibido lleno de amor y gratitud, que le da sentido a cada paso del camino hasta llegar aquí.

Gracias a la vida, que me ha dado tanto. La oportunidad de aprender, la libertad de elegir, y la capacidad de creer y confiar. Y este regalo, que es vivir y despertar a la vida cada día con ojos nuevos.

Gracias a mis padres, por ser equipo conmigo y permitirme vivir una vida poco convencional y llena de incertidumbre y vocación. Pero siempre juntos. Los quiero.

Somos el reflejo de los demás, crecemos con las experiencias que compartimos, y yo crezco cada día gracias a ustedes. Gracias por estar en mi vida incondicional: Paqui y Úrsula, juntas desde hace casi cuarenta años; Angy, Myriam, Vanessa, Mary, Alex, Charo, Noemí, Emma, Esther, Inma. Por todo lo que nos queda por compartir.

A esas personas que confían en mí más que yo misma y compartimos proyectos, sentimientos y vida: Francisco Alcaide, Eva Collado, Sonia Rodríguez Muriel, Carmen Soler, Yolanda Sáenz de Tejada, Rubén Turienzo. Siempre conmigo, y yo siempre con ustedes. #Gracias.

Gracias a mi editor y amigo, Roger Domingo, por confiar en mí cuando nunca había escrito un libro, allá por 2012, y seguir confiando para que con éste que tienes en tus manos, haya cinco sueños hechos realidad. Quiero decirte que tu confianza hace que las personas lleguemos más allá de lo que un día soñamos. Y que esperamos tu libro ☺.

Gracias al equipo de Planeta, María José, Eugenia, y en especial Carola, por hacer realidad la belleza y cada detalle del sueño que ahora tienes en tus manos.

Gracias a mis clientes (y ya amigos), porque su confianza en mí hace que siga creyendo en el camino del corazón para trabajar con personas. En especial al equipo de RRHH de EY Spain (y a mi José Luis Risco), el equipo de RRHH de Puleva España (y a mi Sonia en especial), el equipo de IMFE y Promálaga, y el equipo de IKEA Málaga (en especial a mi Luz Ferrer). Gracias por todo lo compartido.

A los que llegaron a mi vida y me enseñaron algo, y a los que se fueron de mi vida y también me enseñaron. Gracias a cada uno de ustedes, por todo lo aprendido.

A Eloy, gracias por aparecer en mi vida y enseñarme que no todas las estrellas están en el cielo.

A Victoria, mi amiga, mi ángel. Desde que te has ido me faltan alas, pero nunca puedes despedirte de quien siempre va contigo.

Y a mi razón, Norah, gracias por ser mi maestra, mi despertar, mi razón para entregar lo que soy. Si algún día algo de lo que he hecho te sirve, todo habrá tenido sentido. Gracias por existir.

Y a ti. Gracias por leer este libro. Por abrirte a los mensajes, las reflexiones y las citas contigo, para ti. Recuerda acordarte de ti. Y de hacerte la vida bonita ☺.

Podemos seguir compartiendo en
Twitter @Laura_chica
Instagram @Laura_chica con el hashtag #365citascontigo
Y más sobre mí como siempre en www.laurachica.com

## 11 razones para CREAR tu vida

1. Porque tu vida es la suma de cada uno de tus días.
2. Porque cada día es único.
3. Porque tu vida sólo la puedes crear mirando hacia delante, aprendiendo hacia atrás, sintiendo ahora.
4. Porque cada día puedes conquistar tus miedos y construir tus sueños.
5. Porque tu mañana depende del día que crees HOY.
6. Porque hay cosas que nunca te perdonarás no haber dicho, no haber hecho, no haber sentido.
7. Porque para cambiar algo, sólo tienes que querer.
8. Porque siempre es posible.
9. Porque cada momento que dejes pasar sin vivirlo intensamente, es un momento perdido.
10. Porque cada día tiene 86,400 segundos para sentir, creer, caerte, levantarte, amar, llorar, reír, saltar, descubrir, crear.
11. Porque sólo TÚ puedes crear TU VIDA.

★

## Vive la magia de ser tú

## La autora

No tengo una gran historia de superación para contarte.

No he logrado ningún récord memorable, ni he tenido que abandonar una vida para crear otra.

O sí. Cada día.

Sólo soy yo.

Nací un 19 de septiembre. Tengo menos vida que años, aunque a mi edad he aprendido a condensar mi vida en #momentos.

Me desperté a los treinta años, cuando la vida me regaló otra vida. (Curioso que uno empiece a valorar su vida cuando tiene otra que no es la suya.)

Creo en los sueños con planes de acción y en el camino que se avanza hacia atrás, para volver a conectarte con lo que eres pero ya no recuerdas.

Ayudo a las personas a encontrarse cuando se pierden, a creer cuando se sienten pequeñas, a soñar cuando olvidan la magia.

Me definen mis sueños, mi pasión y el amor por lo que hago.

Soy una aprendiz de la vida, que mira la vida como un regalo y disfruta de la belleza de lo cotidiano. Me reinvento cada día para mirar con ojos nuevos y volver a enamorarme de lo que hago.

Podría decirte que mi formación como psicóloga o *coach* es la que me ha traído hasta aquí, o quizá mis veinte años de experiencia trabajando con personas. Es posible. Pero también es posible que en un momento de mi camino, la vida me hiciera despertar y volver a elegir cómo vivirla, y por eso tienes este libro en tus manos.

No creo en los imposibles. Cuestionarme me abre a la posibilidad de lo que aún no es.

Creo que estamos de paso, que la vida es un regalo y que todo puede ser más sencillo de lo que creemos.

He perdido el sentido de la vida tantas veces como personas se han ido de ella. Parece que sólo entonces puedes ver lo importante, que la muerte ordena la vida. Creo que el sentido de la vida es que no tiene sentido, sólo el que tú quieras darle. Que cuando apuestas por la vida, la vida apuesta por ti. Vivir es atreverse.

Llevo tres mensajes en mi piel. *Confía*, *Cree* y *Todo está bien*.

En realidad, escribí este libro para mí, para aprender a vivir la magia de ser yo misma y de volver a mí cuando me pierda por el camino.

Y lo quiero compartir contigo.

Porque siempre es el momento de encontrarte.

Porque siempre es el momento de vivirte.

Porque siempre es el momento de comenzar a vivir la

vida que quieres, desde lo que eres, recordando volver a ti cuando no te encuentres.

Y que cuando la vida termine,
puedas decir:
«Viví como quería».
No hay más.

Laura Chica

# #mis365citasconmigo

**Mis citas clave**

**Mis mantras**

**¿Qué mensajes me gustaría leer cada día para encontrarme conmigo?**